www.ingramcontent.com/pod-product-compliance
Lightning Source LLC
LaVergne TN
LVHW010336070526
838199LV00065B/5751
* 9 7 8 9 3 5 8 7 2 6 9 5 4 *

لفظوں کے پرندے

(انتخاب کلام)

ظفر صہبائی

© Zafar Sahbai

LafzoN ke Parinde *(Poetry)*

by: Zafar Sahbai

Edition: September '2024

Publisher :

Taemeer Publications LLC (Michigan, USA / Hyderabad, India)

ISBN 978-93-5872-695-4

9 789358 726954

مصنف یاناشر کی پیشگی اجازت کے بغیر اس کتاب کا کوئی بھی حصہ کسی بھی شکل میں بشمول ویب سائٹ پر اَپ لوڈنگ کے لیے استعمال نہ کیا جائے۔ نیز اس کتاب پر کسی بھی قسم کے تنازع کو نمٹانے کا اختیار صرف حیدرآباد (تلنگانہ) کی عدلیہ کو ہوگا۔

© ظفر صہبائی

کتاب	:	**لفظوں کے پرندے** (انتخاب کلام)
مصنف	:	**ظفر صہبائی**
صنف	:	شاعری
ناشر	:	تعمیر پبلی کیشنز (حیدرآباد، انڈیا)
سالِ اشاعت	:	۲۰۲۴ء
صفحات	:	۱۴۴
سرورق ڈیزائن	:	تعمیر ویب ڈیزائن

انتساب

متین بھائی

(عبدالمتین نیازؔ)

بیٹی عذرا فرح

اور صائقہ نازیہ کے نام

ربا لبِ سخن کو پھر آگ بھرا ایاغ دے
دشتِ ہوا میں رکھ سکوں ایسا کوئی چراغ دے

- ظفر صہبائی — پورا سچ

یارانِ نکتہ داں

- اقبال مجید — بڑا کمال ہے موضوعِ گفتگو ہونا
- عشرت قادری — راکھ میں چمکتی چنگاری
- مخمور سعیدی — معتبر شاعر
- اقبال مسعود — اماوس کی گھنی رات کا مہتاب
- ڈاکٹر محمد نعمان خاں — آئینہ سچ بولتا ہے

یہ عہدِ میر نہیں جو کبھو کبھو ہووے
کہ اب ہے روز کا معمول دل لہو ہونا

پورا سچ

کسی شاخِ نہالِ غم - یعنی دل کی تر و تازگی، سرسبزی اور توانائی کا سرچشمہ اُس کا ماحول ہوتا ہے۔ یہ میری خوش نصیبی ہے کہ اوّلاً والد محترم محمد یوسف خاں نے مجھے اردو زبان سے متعارف کرایا اور بعد میں قدیم داستانیں، جیسے طلسم ہوشربا، داستانِ امیر حمزہ، چہار درویش، سیر کہسار، فسانۂ عجائب وغیرہ وغیرہ اپنے دوستوں کو میری زبانی سنوا کر مجھ میں اردو کا شعور پیدا کیا۔ یہی قدیم داستانیں تھیں جنھوں نے مجھے شعری محرکات کا پتہ دیا۔ والد مرحوم نے ہمیشہ مجھے میرے فن کے راستے پر بڑھنے کا حوصلہ دیا۔ سونے پہ سہاگہ یہ کہ میری شریکِ حیات فریدہ نے میرے فن کو موجودہ منزل تک پہنچنے کے لیئے اس طرح مہمیز کیا کہ ساری گھریلو ذمہ داریاں اپنے اوپر اوڑھ لیں۔ میرے لئے صرف دو کام چھوڑے - شاعری اور حصولِ معاش۔

میں اُن خوش نصیبوں میں بھی شامل ہوں جنھیں وطن میں عزتوں کی بلندی تک پہنچنے کی سعادت حاصل ہوئی۔ بھوپال کے ادبی بزرگوں، ہم عصر ادباء، شعراء اور شاعری کے باذوق قارئین و سامعین نے میری شاعری کو جس طرح سر آنکھوں پر لیا وہ ایک مثال ہے۔ انھیں سب کی ہمت افزائی نے سخن کے نئے راستے تلاش کرنے اور اُن پر آگے بڑھنے کا مجھے حوصلہ عطا کیا۔ آج جب میرے تیسرے شعری انتخاب "لفظوں کے پرندے" کی اشاعت عمل میں آرہی ہے میرے مخلص محترم شہرت یافتہ افسانہ نگار جناب اقبال مجید، مشفق و مہربان ممتاز شاعر جناب عشرت قادری، عزیز دوست نقاد و محقق ڈاکٹر محمد نعمان خاں، میرے بچپن کے ساتھی معروف شاعر و ادیب اقبال مسعود نے اپنی تحریروں کے دلپذیر اُجالے میری کتاب کے صفحات پر بکھیرے ہیں۔ ان حضرات نے وہ کام کیا ہے جو مجھ سے ممکن نہیں تھا کیونکہ شاعر اپنی زندگی اور تخلیقی لمحات کے دوران جن موڑوں اور تخیلات کی دنیاؤں سے گزرتا ہے اُن کی بازیافت اُس کے لیئے ممکن نہیں ہوتی۔ دیکھنے اور پڑھنے والے ہی موڑوں کی نشاندہی کرتے ہیں

اور تخلیقی دنیاؤں کو کھوجتے ہیں۔ یہی سبب ہے کہ میں نے اپنے کسی بھی شعری مجموعے میں اپنی شاعری سے متعلق کوئی اظہار خیال نہیں کیا۔ اس شعری انتخاب میں شامل کیئے گئے یہ مضامین میں نے قارئین کے لیئے بطور سفارش تحریر نہیں کرائے بلکہ ان کے آئینہ میں اپنا اصل چہرہ دیکھنے کی تمنا میں ان تحریروں کی اشاعت عمل میں آئی ہے۔ میں نے پوری ایمانداری کے ساتھ جس نے جو لکھا وہ شائع کر دیا ہے۔ اب پڑھنے والے جو محسوس کریں اُس سے مجھے آگاہ کریں کیونکہ میں ہمیشہ خلقِ خدا سے سخن کا راستہ پوچھتا آیا ہوں۔

اس موقع پر اپنے بزرگ جناب ظفر آرٹسٹ صاحب کا بھی شکریہ ادا کرتا ہوں کہ اُنھوں نے بڑے خلوص سے اس کتاب کا سرورق تیار کیا اور اپنے فن کا جادو جگایا۔ یہ عمل کفر کے مترادف ہوگا کہ میں اپنے عزیز برادرم منظر بھوپالی کی اس سعیٔ جمیلہ کا ذکر نہ کروں کہ اُن کی کوششوں سے میری فنّی کاوشوں کو نئی سماعتیں اور نئے آسمان ملے۔ سارے ہندوستان اور متحدہ عرب امارات تک مجھے شعر سنانے کو مواقع ملے، وہ بجاطور پر شکریہ کے مستحق ہیں۔ اُنھوں نے وہ قرض اُتارے جو واجب بھی نہیں تھے۔

اس کتاب کے مسودہ کی تیاری میں میرے عزیز دوست، محسن و مربّی جناب عبدالمتین نیازؔ اور جناب ادریس مونسؔ صاحب نے جو تعاون دیا ہے وہ میرے دل پر نقش رہے گا۔

اور اب باری ہے اُس شخص کے تئیں ہدیہ تشکر پیش کرنے کی جو حقیقت میں "لفظوں کے پرندے" کی اشاعت کا محرک بنا اور قارئین تک میری کتاب پہنچ سکی وہ شخصیت ہے جناب حاجی انیس دہلوی کی اُنھوں نے بے لوث ہو کر مجھے مجموعے کی اشاعت پر اکسایا اور اشاعتی کام کی ساری ذمہ داریاں سمیٹ کر مجھے ہر بوجھ سے سبک کر دیا۔

عزیز دوست فاروق انجم، شاہدؔ ساگری، طرزی بھوپالی اور یونس مخمورؔ صاحبان نے اس کتاب کی پروف ریڈنگ اور ترتیب کے کام میں میری جو معاونت کی ہے اُس کے لیئے میں اُن کا مشکور ہوں۔

ظفر صہبائی

بھوپال، ۸ر ستمبر ۱۹۹۸ء

بڑا کمال ہے موضوعِ گفتگو ہونا

ظفر صہبائی نے علم و ادب کے گہوارۂ بھوپال میں آنکھ کھولی جہاں اردو کی روایتی شاعری اور خصوصاً کلاسیکی غزل ذوق و شوق سے پروان چڑھ رہی تھی اور حضرت جگر مراد آبادی کو یہاں کی ادبی محفلیں سر آنکھوں پر بٹھا رہی تھیں۔ اُس وقت کے اساتذہ میں جن شعراء کا شہر میں سکہ چل رہا تھا ان میں شعریؔ بھوپالی، صہبؔا قریشی، محمد علی تاجؔ وغیرہ کے نام اہم ہیں۔ ان کی شاعری اُس وقت کے غالب ذوقِ شعر کی ترجمان تھی اور یہ سب ہی اردو غزل کے انھیں تالابوں میں بنسیاں ڈال کر بیٹھتے تھے جن کی گہرائیاں اور گیرائیاں میرؔ، غالبؔ، مومنؔ، داغؔ، وغیرہ ناپ توپ کر چھٹی پا چکے تھے اور تالاب کے ایک سے ایک گوہر نایاب اور خزانے اپنی جھولی میں ڈال کر آرام کی نیند سو رہے تھے۔

اردو میں ترقی پسند تحریک کی آمد نے جن نئے ادبی تعصبات کو قائم کیا اور ہماری نثر و نظم کو نئے ادبی نظریے اور نئے فنی رویّے سے روشناس کرایا اُس میں حصّہ نظم کو اس پیش رفت نے اس کے روایتی چنگل سے باہر نکال کر اسے تازہ ہواؤں اور فضاؤں سے روشناس کرانے میں مثبت کامیابی حاصل کی۔ لیکن غزل کا معاملہ ہی الگ تھا، یہ صنف تو ہماری تہذیب اور یہاں تک کہ ہماری آتی جاتی سانسوں میں کچھ اس طرح شامل تھی کہ غزل رُک جاتی تو گویا ہماری سانسیں ہی ٹھہر جاتیں۔ ترقی پسند تحریک نے اگرچہ غزل کی صنف کو بہت زیادہ منہ نہیں لگایا بلکہ کبھی تو اسے ناگوار حد تک نظر انداز کرنے کے جتن بھی کیے مگر یہ نہ صرف زندہ رہی بلکہ بار بار اپنے وجود کو منواتی رہی۔ مگر اس صنف کی کچھ تو اپنی صنفی مجبوریوں، کچھ اپنی قدیم اور باوقار روایتوں کے شدید دباؤ اور کچھ غزل کے نئے مجاہدین کی محدود صلاحیتوں کے سبب یہ صنف اُس تازگی، وسعت و گہرائی اور اُن بلندیوں سے آگے نہ جا سکی جو معیار غزل کی کلاسیکی شاعری قائم کر چکی تھی یہاں تک کہ حسرتؔ، جگرؔ، فراقؔ، مجازؔ اور جاں نثار اخترؔ تک آتے آتے کسی نے اس ہاتھی کے صرف کان پکڑ لینے پر اسے تسخیر کر لینے کا دعویٰ کیا تو کسی نے سونڈھ ہاتھ میں آجانے پر اسے

اپنا غلام سمجھا تو کسی نے صرف اس کی دُم پر ہی اکتفا کر کے خود کو اس ہاتھی کا مہاوت ہونے کا شور و غوغا مچادیا۔

دراصل غزل کی یہ صورتِ حال دیکھ کر اور پچھلے پچاس برسوں کے رنگا رنگ منظرنامے پر نظر کرنے کے بعد یہ کہنے میں تامل نہیں ہوتا کہ صنف غزل ایک ایسا دریا ہے جو اپنے کنارے پر آکر کھڑے ہونے والوں کو اپنی جھل مل سے ہمیشہ رجھاتا رہا اور غوطہ زنوں کو ہمیشہ للکارتا رہا اور یہ وہ ساقی بھی ہے جو ع

دیتا ہے بادہ ظرفِ قدح خوار دیکھ کر

۱۹۵۰ء کے بعد نئے شاعروں نے جن کو اس دریائے لطافت پر تیرنے کا اس لیے شوق جاگا تھا کہ وہ اس صنف کے پھلنے پھولنے کے وسیع تر امکانات پر یقین رکھتے تھے اگرچہ ہاتھ پیر مارنے کی بہت کوشش کی لیکن یہ عام شکایت تب بھی باقی رہی کہ غزل کی نئی شعریات، نئی فکر، نئی تخلیقی زبان کی جانب شاعر کا کل وقتی طور پر انفرادی رویہ ہی سوجھ بوجھ اور اس سفاکی کے ساتھ دیکھنے کو نہیں ملتا جو کسی صنف کے روایتی سانچوں کی عصری تقلید اور عصری ذوق کو فراہمیٔ انبساطِ نو اور مستقبل کو فکر تازہ کے شرارے عطا کرتا ہے۔

ظفر صہبائی جس زمانے میں غزل کی گرامر سیکھ کر کچھ کرنے کے لیے اُٹھے ہی تھے کہ ظالم زمانہ تب تک قیامت کی چال چل چکا تھا اور شعر و ادب کے تازہ منظرنامے پر جو سوالات عفریت بن کر اٹھ کھڑے ہوئے وہ کچھ اس طرح تھے۔

کیا زمانۂ موجودہ کو ذوقِ شعری کی کم یابی کے عہد کا نام دیا جانے والا ہے؟

کیا تیز رفتار تبدیلیوں سے گہرا سروکار اور اس کا شاعرانہ ادراک حاصل کرنے کے عمل کو وقت کی خرابی سمجھا جارہا ہے؟

کیا مروجہ شعر و سخن اس نئے ادراک کو عصری تقاضوں کے مطابق کسی نئے شعورِ حسن اور نئے معیار لطافت اور احساسِ انبساط سے مزین کرنے کی کوشش کا حوصلہ کھو چکا ہے؟

کیا علمی، ادبی، اور ثقافتی معلومات اور بین الاقوامی بصیرت کے بل بوتے پر شاعری کے دروازے پر دستک دیئے جانے کا مشکل اور صبر آزما کام اب تج دیا گیا ہے؟

کیا شاعری آج کے شاعر اور موجودہ قاری کے لیے کسی توقیر کی حامل بھی رہ گئی ہے؟ اور کیا دونوں ہی کے پاس اسے خاطر خواہ وقت دینے اور اس کی ناز برداری کرتے کے لیے مہلت بھی رہ گئی ہے؟

کیا شاعر اب اپنے ہم عصروں سے ماورے، ہیت، لہجہ کی.... تاثیر اور اشتیاق انگیزی کی سطح پر دیگر یا مختلف ہونے کی سعی میں کسی طرح کی سرشاری محسوس کرتا ہے یا چار شعر کہہ کر نام و نہاد اعزازات اور انعامات کی جانب شہدوں کی طرح لنگا لیکر بھاگنے اور انھیں سے نی پولیٹ Manipulate کرنے میں اپنی تمام تر صلاحیت اور رسوخ جھونکنے میں لگا رہتا ہے؟

کیا ہماری موجودہ شاعری کو ایسا ناقد دستیاب ہو گیا ہے جو توصیف ناموں کے بجائے ہجو ناموں سے شغف رکھے جو تیر نہ چلا سکے تو کم سے کم پتھر ہی پھینکنا جانتا ہو تاکہ اُس واحد شیش محل کے شیشے ٹوٹ سکیں جس کے اندر ایک ہی انار کلی کو قدرے لباس اور میک اپ بدل کر بار بار نچایا جارہا ہے؟

ان اہم سوالوں کی بھیڑ میں ظفؔر صہبائی ہی نہیں بلکہ پورا بر صغیر شاعری کر رہا ہے اور اسی پس منظر میں ہمیں ظفؔر صہبائی کے اس شعری مجموعے کو دیکھنا اور پرکھنا ہے۔ جو عرصے سے جدید غزل کے دریا پر غوطے مار رہا ہے اور پُرانے جواہر شناسوں کے صدقے کر کے پھینکے ہوئے باسی موتی نکال نکال کر لارہا ہے اور سیپوں کے منہ سے نکالے ہوئے تازہ بہ تازہ اور نو بہ نو موتیوں سے ہنوز محروم ہے۔ اس پس منظر میں ظفؔر صہبائی کی شاعری کو دیکھنے کی کوشش میں ایک بات میں واضح کردوں کہ نہ تو مجھ میں ظفؔر

صہبائی کی شعری کاوشوں کو پتھر مارنے کی صلاحیت ہے اور نہ ان کا توصیف نامہ ہی لکھنے کا سلیقہ، اگر میں کچھ کر سکتا ہوں تو بس اتنا کہ اپنے انفرادی ذوق و شوق کی بنا پر اس شاعری کے محاسن، جواہر اور کیسوں پر اپنے تاثرات کا اظہار کر دوں۔

ظفر صہبائی بھی بھوپال کے عام شاعروں کی طرح غزل کے ہی شاعر ہیں اس مجموعے کی ورق گردانی کرتے وقت چند غزلیں ہی پڑھنے کے بعد یہ شاعری آپ کے اندر اُسے اور پڑھنے کے لیے اشتیاق پیدا کرے گی۔ کوئی شاعری اشتیاق کیوں کر پیدا کرتی ہے اس کی تھیوری بیان کرنے کا موقع بھی اگر ہوتا تو میں اپنی نااہلیت کے سبب اسے بیان کرنے سے قاصر ہوں بس اتنا جانتا ہوں کہ موضوع کا ہماری زندگی سے رشتہ اور اس کی تازہ تر معنویت یا اس سے ہمارا سروکار ہی ہمارے لیے کسی فن پارے کو سب سے پہلے قابلِ قبول بناتا ہے، پھر اُس موضوع کا شاعرانہ ادراک اور شاعر کا وجدان اسے اپنے طور پر جلا بخشنے کا کام کرتا ہے۔ دراصل ہر شاعر کے پاس کہنے کے لیے پرانی باتیں ہی ہوتی ہیں جن میں وہ اپنے ذوق شعر، وسعتِ نگاہ، شدتِ احساس اور زاویہ نگاہ سے نیا پن عطا کرتا ہے۔ تازہ کاری کا یہ ہنر دراصل شاعری کے قاری کو اپنی انگلی پکڑا دیتا ہے جس پر قاری چل پڑتا ہے۔

اس مجموعے میں شاعر نے جن موضوعات کو چھوا ہے پچھلے پچاس سال سے ہماری شاعری انھیں سے شغف رکھ رہی ہے، مثال کے طور پر ملک کی تقسیم کا معاملہ، فسادات، اقلیت کا خوف، موجودہ عہد کی کثافتوں سے بیزاری، زبان و تہذیب کا انتشار، سیاست کا دوغلہ پن، عظمتِ کردار کے کھو جانے کا نوحہ، قدیم رشتوں کی اُکھڑتی سانسیں، شہری تہذیب کی سفاکی اور سرد مہری، ضمیر فروشی، روایتی بلندیوں کا زوال، اقدار کی شکست، معاشرے کا ننگاپن، فرد کے بے نام و نشان ہو جانے کا غم، ابابیلوں کی آمد کی اُمید میں ہزیمتیں سہتے رہنا، محبوب کا ہجر و وصال وغیرہ وغیرہ۔

ان موضوعات کو ظفر اپنی شاعری میں جس تخلیقی زبان میں پیش کرنا چاہتے ہیں ان میں ان کی لفظیات کے انتخاب میں کھلا پن ہے، وہ بے تکلف ہندی کے لفظوں کو بھی

جگہ جگہ جڑنے کا کام کرتے ہیں جیسے سے، چٹھی، پریچے، سرل، انکر، آبھاؤ، اکھشر، ٹیگ، دھرم راگ، ورتمان، وغیرہ۔ انھوں نے واقعاتِ کربلا سے بھی دیگر شعراء کی طرح استعارے لیے ہیں جیسے کوفہ، یزید، فرات، شام غریباں وغیرہ اور اردو کی قدیم داستانوں سے بھی لیکن ظفر صہبائی کی شاعری کی تخلیقات کا اصل مال وہ ہے جو انھوں نے قدرتی اشیاء سے ادھار لیا ہے۔ مثلاً دریا، موجیں پیڑ، ڈالیاں، شاخ، پھول، جنگل، پگڈنڈی، برگد، کپاس، بادل، پرند، جھرنے، سمندر، شیر، چیتے وغیرہ۔ یہ دیکھ کر احساس ہوتا ہے کہ شاعر قدرتی اشیاء میں گہری دلچسپی رکھنے کے ساتھ ساتھ ان سے اپنی زبان کو تخلیقی بنانے میں دلچسپی رکھتا ہے۔ اس کے علاوہ روزمرہ کی بہ ظاہر معمولی اشیاء جیسے تاش کے پتے، گاڑیاں، دکاندار، لباس وغیرہ بھی موجود ہیں۔ دراصل اپنی شاعری کی زبان تیار کرنے میں شاعر کے ذاتی ذوقِ حسن اور شعورِ لطافت کو تو دخل ہوتا ہی ہے مگر اصل دشواری اپنے عصر کی پیچیدہ مزاجی کو گرفت میں لے کر اپنی لفظیات کو عصر کے اسرار و رموز کھولنے اور انھیں ایک چہرہ اور ایک روح فراہم کرنے اور پھر ان کو تازہ کردار و واقعہ کے طور پر یوں سامنے لانے کہ گویا وہ صرف شاعر کے تجربے کا ہی نتیجہ نہ ہوں بلکہ قاری کے بھی تجربے کا حصہ بن جائیں سب سے صبر آزما اور مشکل کام ہوتا ہے۔ اس منزل پر شاعر کو لفظوں کے نئے سکے ڈھالنے پڑتے ہیں ورنہ اس کے الفاظ بھوپال میں چلنے والے اُن سڑے ہوئے دو روپیوں کے نوٹوں کی طرح ہو جاتے ہیں جنھیں غریب خونچے والا تو لینے کو مجبور ہے کہ اسی سے اس کی دال روٹی چلتی ہے ورنہ دیگر لوگ اُس نوٹ سے پیچھا چھڑانے میں ہی لگے رہتے ہیں ظفر کے اشعار میں لفظیات پر صیقل کی کوشش جا بجا نظر آتی ہے کہیں کہیں تو وہ اس کام میں چونکا بھی دیتے ہیں اور آخر تک پہونچتے پہونچتے قاری کو یہ شک نہیں رہ جاتا کہ ظفر ان چند مقامی غزل گو شاعروں میں سے ایک ہیں جنھوں نے نئی شعریات کی جانب پیر کا انگوٹھا بڑھاتے ہوئے پرانے لفظوں کو تازے پانیوں کے دو چار ڈول سے سینچنے کی بار بار کوشش کی ہے۔

ظفر صہبائی جیسے ہونہار شاعر کی ذہنی تربیت کو جس دانشورانہ اور کشادہ علمی ماحول

لی ضرورت تھی وہ انھیں ایک کھونٹ سے بندھے رہنے پر ملنا مشکل تھا اور کھونٹا تڑا کر نکل لینے کا حوصلہ بھی وہ ذاتی وجوہ کی بنا پر نہ کر سکے اس لیے ان کی شاعری کو احساس کی روٹی اور مشاہدے کی اُبالی دال پر ہی گزر بسر کرنی پڑی، جس طرح بھوپال میں قابلِ صلاحیت ہاکی کے کھلاڑیوں کو مرغن کھلا پلا کر دوڑایا جاتا تھا وہ سہولت یہاں کے ہونہار شاعروں کو حاصل نہ ہوئی، جس کے نتیجے میں ذہنی غذا سے محروم ان شاعروں سے میدان میں بڑھ چڑھ کر گول مارتے رہنے کی امید کیسے کی جا سکتی ہے، بس اتنا ہی کر سکتے تھے کہ ڈی کے پاس قسمت سے اور موقع سے بنا بنایا گیند مل گیا تو ہٹ ماردی اور تختہ دھڑ سے بول گیا ورنہ عام طور پر ریفری کی سیٹی چلا کر ان نحیف کھلاڑیوں کو آف سائڈ ہی declare کردیا کرتی ہے۔ سب سے بڑی بدنصیبی یہ بھی تھی کہ یہاں کے نوجوان شعرا کا نہ کوئی گلّے بان تھا اور نہ کوئی رکھوالا۔ جس نے جو کچھ کیا اور جو کچھ پایا اس کو غنیمت جانا ورنہ اس حقیقت سے کون انکار کر سکتا ہے کہ اس شہر کو گہوارۂ علم و ادب بننے کے لیے امکانات موجود تھے لیکن انقلابِ زمانہ نے جن محفلوں کو اجاڑا وہ پھر نہ بس سکیں، غالبًا بیشتر ملک کے دبستانانِ ادب کا کم و بیش یہی حال رہا۔ اس لیے آشوبِ وقت کی ستم ظریفیوں کے نوحے کو ختم کرتے ہوئے اگر ظفؔر صہبائی کے لفظوں کے پرندوں پر ہم پھر واپس آ جائیں تو ہم اس شاعر کے خلوص اور نیک نیتی پر ایمان لائے بغیر نہیں رہ سکتے۔ اس موقع پر میں قارئین کی خدمت میں اس مجموعے کے ایسے چند اشعار پیش کرنا چاہتا ہوں جن میں کسی نہ کسی نہج سے خیال اور جذبہ کی تازگی ہے، فکر کی بالیدگی ہے، غزل کی دائمی لطافت اور نزاکت ہے، خارجی دنیا کے انسان کی بنیادی معصومیت سے بے رحمانہ مذاق کے نوحے ہیں اور کہیں کہیں ایسے ان چھوئے مضامین بھی ہیں جو بار بار ذہن و دل کے دروازے پر دستک دیتے ہیں۔

جیت لینے کی غلط فہمی بہت ہے آپ کو
جب کھلیں گے میز پر پتّے ہمارے دیکھنا

سراب ہوتے ہوئے معتبر سا لگتا ہے
سفر میں دھوپ کا چہرہ شجر سا لگتا ہے

چلن بدینے کا اب بھول جایئے صاحب
مہاجروں کو اب انصار مار دیتے ہیں

چھتیں پڑنے سے پہلے ہی دھنسی جاتی ہیں دیواریں
یہ کس دَل دَل پہ بنیادیں نئی تعمیر رکھتی ہے

ذروں کی دہشتوں کی یہ صدی حصے میں آئی ہے
میں جینا چاہتا ہوں ، خود کشی حصے میں آئی ہے

مشغلہ اچھا ہے دیواریں گرانے کا مگر
اس طرح حدِ قفس ختم کہاں ہوتی ہے

خطرہ وہ گاڑیاں ہیں جو آتی ہیں پشت سے
آگے سے تو بچاؤ کے امکان ہیں بہت

ہر لمحہ ٹوٹنے کا ہمیں احتمال ہے
جیسے یہ زندگی کسی جامن کی ڈال ہے

خالی پن دوزخ سے بڑھ کر دوزخ ہے
یہ سچ ہم نے اپنے آپ کو کھو کر جانا

اب معترض وہی ہے، ہرے کیوں نہیں ہیں ہم
مٹی میں جس نے پاؤں جمانے نہیں دیا

یہ موت جیسے کوئی ضدی شاہزادی ہے
گریز کرتی ہے ان سے جو مرنا چاہتے ہیں

حاکمانِ آب لوٹے پھر دھواں چہرے لیے
تشنگی بجھتی نہیں پھر تشنگی نے کہہ دیا

چلتے چلتے تیز ہوا نے ایسی جست بھری
سہما ہوا ہے پتہ پتہ شاخیں ڈری ڈری
بنائے رکھے ہواؤں سے دھوپ سے یاری
جو پھول چاہے سرِ شاخ سرخ رو ہونا
زخموں کا پیڑ ہوں یہ کرم مجھ پہ کیوں نہیں
موسم کو جب لباس بدلنے کا شوق ہے
زیرِپا سانپ جیسی پگڈنڈی
آس پاس ایک خوف کا جنگل

اگر یہ چند اشعار آپ کے اندر اس کتاب کی سیر کا اشتیاق پیدا کرتے ہیں تو ورق کھولیے اور تشریف لے چلیے جہاں غزل کے پیکر میں آپ کو کتنے ہی جہانِ معنی جدید آب و تاب کے ساتھ آباد مل جائیں گے۔

بھوپال، ۱۵؍ جولائی ۱۹۹۷ء

اقبال مجید

راکھ میں چمکتی چنگاری

ظفؔر صہبائی تازہ کار شاعروں کے اُن ہوش مند اور باخبر فن کاروں میں نمایاں نظر آتے ہیں جنھوں نے تیکھے انداز سخن، کٹیلے اسلوب اور دلپذیر لفظیات سے آراستہ اپنی فکر، محسوسات، مشاہدات اور زندگی کے تلخ ترین تجربات کو شعری پیکر میں سجا، سنوار کر کاغذ پر اُتارا ہے۔ اُن کی شاعری میں اُن کی اپنی سفر گزشت بھی ہے اور زندگی کی جدوجہد میں مصروف نابرابری کے منصوبہ بند زبانی اعلان ناموں کے خلاف صف آرا، کروڑوں انسانوں کی آوازوں کی بازگشت بھی ہے۔ اس سخن میں دھیما دھیما احتجاج بھی ہے اور بانسری کی سریلی تانوں کی ایسی سحر کاری بھی جو دلوں کی دھڑکنوں کو سازینہ بناکر روح کے تاروں کو چھیڑنے کی تاثیر رکھتی ہے۔

ظفؔر صہبائی کی شاعری انکر پھوٹنے کے موسم ہی سے اپنی تروتازگی، ہریالی اور جڑوں سے ہم رشتگی کے واضح اشارے کر رہی تھی اور یہ اشارے اس بات کی علامت تھے کہ ان میں" بارشیں پی کر ہرے ہونے کی" صلاحیت پروان چڑھے گی۔ فطرت کا اصول ہے کہ وہی دانہ دھرتی کی چھاتی چیر کر برگ وبار لاتا ہے جس میں جوشِ نمو، آتے جاتے موسموں کی سختی اور نرمی برداشت کرنے کی قوت ہوتی ہے۔ شاعری کے وہ سارے رنگ یعنی کلاسک، ترقی پسندی، نئی حسیت اور تجربات بھی ظفؔر صہبائی کے "دھوپ کے پھول"، چاک چاک روشنی" اور زیرِ نظر "لفظوں کے پرندے" میں ظفریت کے ساتھ ورق ورق پر اپنی بہار دے رہے ہیں۔ ظفؔر صہبائی خوش نصیب ہیں وہ تذکروں، جائزوں اور مضامین کی کتابوں میں بہت پہلے سے مسلسل قارئین کی نظر سے گزر رہے ہیں۔ خاص خاص مشاعروں میں بھی اُن کے اشعار توجہ، پسندیدگی اور دلچسپی کی سعادت حاصل کرتے رہے ہیں۔ خود میں ظفؔر صہبائی کی شاعری کو کتنا پسند کرتا ہوں اُس کے لیئے یہ چند سطور گواہ ہیں۔

بھوپال ۴؍ ستمبر ۱۹۹۷ء

عشرؔت قادری

معتبر شاعر

جناب ظفر صہبائی اردو کے معتبر شاعروں میں ہیں۔ ان کا تعلق بھوپال جیسی مردم خیز سر زمین سے ہے جہاں کی اردو شعر و ادب کی ایک طویل روایت رہی ہے۔ ظفر صاحب نے اس روایت سے بھی روشنی حاصل کی ہے اور ہم عصر فکری اور فنی میلانات پر بھی ان کی نظر ہے۔ غالباً یہ اس دو طرفہ اکتساب ہی کا فیض ہے کہ ان کا کلام شاعری کے روایتی محاسن بھی لئے ہوئے ہے مثلاً زبان و بیان کی درستی اور لہجے کا رکھ رکھاؤ، اور فکر و فن کے نئے تقاضوں پر بھی پورا اترتا ہے اور آپ اور ہم اس میں اپنے دل کی دھڑکنیں سن سکتے ہیں۔

ظفر صاحب کے کلام کے دو مجموعے اس سے پہلے شائع ہو کر قبول عام حاصل کر چکے ہیں، اب ان کا تیسرا مجموعہ شائع ہو رہا ہے جو ان کے تازہ اکتسابات پر مشتمل ہے۔ امید ہے کہ اسے بھی ادبی حلقوں میں خاطر خواہ پذیرائی ملے گی۔

مخمور سعیدی
(سکریٹری اردو اکادمی، دہلی)

اماوس کی گھنی رات کا مہتاب

آج جب ظفؔر صہبائی کے بارے میں لکھنے بیٹھا ہوں تو ذہن میں لاتعداد تصویریں اُبھر رہی ہیں، مگر یہ تصویریں البم میں سلسلہ وار نہیں لگی ہیں ان میں کچھ سیاہ سفید اور کچھ رنگین بالکل زندگی کی طرح۔ وقت کے پل کے نیچے سے کتنا پانی بہہ چکا ہے ۔ ٹھیک سے یاد نہیں ویسے بھی حساب کتاب میں کبھی اچھا نہیں رہا۔ غالبًا اس کی وجہ یہ ہے کہ، "سو پشت سے ہے پیشہ آبا سپہ گری" اور سپاہ گری کے بعد لوگوں پر حکومت کرنے کا شوق میرے بزرگوں کو تھا، سو میراث میں قلم کے بجائے شمشیر، قرطاس کے بجائے اپنے حکم کی تعمیل کرانے کو موروثی جذبہ ملا۔ لیکن بات تو ظفؔر صہبائی کی ہے اور قصہ اپنے اجداد کا۔ لیکن یہ بھی تصویر کے پس منظر کا جزو ہے۔ میرے والد (خان محمد شفیع) کو پشتو میں بولنے کی عادت تھی اگرچہ وہ اردو، فارسی، انگریزی اور ہندی میں بھی اتنی ہی استعداد رکھتے تھے جسقدر کہ اپنی مادری زبان میں لیکن پشتو کا کوئی نہ کوئی کھنکتا لفظ یا جملہ اُن کی زبان سے نکل ہی جاتا تھا۔ ان کو اور میری والدہ (بلقیس زماں) کو کتب بینی کا بہت شوق تھا۔ رات کو میرے والد یا والدہ کوئی ایک با آواز بلند کتاب پڑھنا شروع کرتے اور ہم بھائی بہن اپنے اوپر رضائی ڈال کر سونے کا بہانہ کر کے قصہ سنا کرتے تھے۔

بچپن میں قصے کہانیاں سننے اور پڑھنے کی ایسی عادت پڑ گئی تھی کہ ایک زمانہ تو یہ تک آیا کہ غسلخانہ میں، بیت الطہارت میں اور سڑکوں پر چلتے چلتے کتابیں پڑھا کرتا تھا۔ بچپن میں گھر سے باہر نکلنے پر سخت پابندی تھی کہ بچوں کو گھر کی چہار دیواری میں اس طرح محصور رکھا جاتا تھا کہ باہر کی خراب ہوا اور خراب نظر نہ لگے۔ اسکول بھی جاتے تھے تو ایک ملازم ساتھ ہوتا تھا جو یہ نگاہ رکھے کہ ہم اپنی عمر سے بڑے لڑکوں سے کہیں دوستی تو نہیں کر رہے ہیں اور اگر بھولے سے بھی کسی سے بات کر لیتے تو پھر گھر میں گوشمالی ہو جاتی تھی۔

انھیں دنوں جب بہت کچھ سمجھ میں نہیں آتا تھا اور ہر چیز آسمان، ہوا میں ملتے

شجر، کھلی سڑکیں، پُراسرار گلیاں، مرغزاروں میں چہکتے پرندے، تتلیاں اور کل کل کرتا بہتا پانی خواب جیسا حسین اور خوبصورت لگتا تھا اور ہم خواب دیکھتے رہتے بالکل ایلس اور اس کی حیرت انگیز دنیا کی طرح یا پھر گیلیلیو اور بالشتیوں کے، بہت بعد میں الف لیلہٰ اور اس قسم کی دوسری داستانیں پڑھیں بھی اور سنیں بھی تب خوابوں میں ایک معنوی تبدیلی آئی، لیکن دنیا اتنی ہی حسین اور پھولوں بھری رہی؛ تتلیوں کے پروں کی طرح نرم و نازک اور شفق کی طرح رنگین۔

نئی کتابوں کی تلاش میں پھرتے پھرتے اقبال لائبریری پہنچ گئے اور پھر روز شام کو وہاں جانا معمول بن گیا۔ اِس لائبریری میں ہمارے ہی جیسے علم کے پیاسے کشاں کشاں کھنچے چلے آتے تھے اور اپنے ظرف اور استعداد کے مطابق سیراب ہوتے تھے اور ہمارا حال یہ تھا کا ایک دن میں دو دو کتابیں تمام شد کر لیتے تھے۔ اسی لائبریری کے اندر ملاقات ظفؔر صہبائی سے نہیں میاں جان سے ہوئی۔ ایک بھولا بھالا لڑکا چمکدار آنکھیں، گول چہرہ، گیہواں رنگ، سنہری مائل سیاہ بال۔ اس لڑکے سے پہلی ہی نظر میں عشق ہو گیا۔ بات چیت شروع ہو گئی اور گھنٹوں لائبریری کے باہر کھڑے ہو کر زیرِ مطالعہ کتابوں پر گفتگو چلتی رہتی تھی۔ پھر یہ بھی تھا کہ میاں جان پر بھی اس قدر پابندیاں عائد تھیں جتنی خود ہم پر، ان کے والد محمد یوسف خاں بھی اپنے برخوردار کو سات پردوں میں چھپا کر رکھتے تھے وہ بڑے کروفر والے پٹھان تھے مگر امتداد زمانہ نے ان کی امارت عالی نسبی کا فخر اور کف گل فروش کا پندار سب خاکستر کر دیا تھا۔ ہماری اور میاں جان کی جب دوستی گہری ہو گئی تو ان کے والد نے میاں جان کو ہمارے گھر جو مسجد شکور خاں پر تھا جانے کی اجازت دیدی مگر اس طرح کہ خود ابراہیم پورہ سے چھوڑنے آتے اور پھر لے کے بھی جاتے؛ ہم بھی کبھی کبھی ان کے یہاں چلے جاتے تھے۔ طبیعت کی ہم آہنگی، یکساں ماحول اور پسند کی یکسانیت نے ہم دونوں کو بقول غالؔب ۔

ہم پیشہ و ہم مشرب و ہمراز کر دیا

اور اب دوستی میاں جان سے آگے محمد ظفر سے بھی ہو گئی۔ پھر یہ ہوا کہ محمد ظفؔر عرف

میاں جان اپنے والد کے ساتھ بمبئی چلے گئے۔ ایک طویل مدت کے بعد جب ہم پھر ملے تو اس وقت تک ہم دونوں شعر کہنے لگے تھے۔ کہانیاں لکھنے لگے تھے۔ ظفر نے تو ایک جاسوسی ناول تک ۱۴ سال کی عمر میں مکمل کرلیا تھا۔ پھر ظفر نے باقاعدہ شاعری شروع کردی۔ والد کا انتقال ہو چکا تھا اور محمد ظفر اب ظفؔر صہبائی بن چکے تھے۔

ظفؔر صہبائی اور میرے بچپن کے دوست میاں جان کی آنکھیں آج بھی اُسی قدر چمکدار ہیں، بال سنہرے تو نہیں مگر ہیں پورے سر پر اور رنگ گیہواں کے بجائے چمپئی ہوگیا ہے، جسم بھرا بھرا مگر ہنسی وہی بچپن والی، چمکیلی دل کھول کر ہنسنے کی ادا ایسی کہ سارا ماحول جگمگا اٹھے۔

ظفؔر صہبائی میں ایک بڑی خوبی ہے۔ بچپن کی ہی ایک تصویر ہے۔ ہم دونوں گھر والوں سے چھپ کر تالاب پر مچھلیاں پکڑنے پہنچے اور دلچسپ یہ کہ ہمارے پاس نہ مچھلی پکڑنے کے لیئے بنسی تھی نہ چارہ۔ وہاں کچھ بدمعاش لڑکوں سے ہماری لڑائی ہوگئی وہ تعداد میں کئی تھے اور ہم صرف دو۔ ظفر نے مجھ کو ہٹا کر خود لڑنا شروع کردیا اور مجھ سے کہا، "بھاگ جا یار میں سالوں سے لڑتا ہوں!"

دوسروں کی مدد کرنے کی عادت ظفر میں آج تک موجود ہے اور اب تو متعدد اور یہ تعداد انگلیوں سے زیادہ شعراء کی ہے کہ جن کی تخلیقات کے پس پردہ ظفؔر کی مدد موجود ہوتی ہے اور اس کی آواز گونجتی ہے اور ظفؔر کی شرافت اور نیکی یہ ہے کہ ان میں سے کئی شاعر ظفؔر صہبائی کے بعد مشاعروں میں پڑھنے پر بضد رہتے ہیں اور اس کو اس پر نہ کوئی اعتراض ہوتا ہے اور نہ کوئی ناراضگی۔ ظفؔر پر مجھ پر معاشی طور پر بہت برا وقت گزرا ہے اگرچہ یہ پیغمبری دور آج بھی طاری ہے مگر نہ میرے اور نہ ظفر کے منہ سے وقت سے یا زمانہ سے یا اپنے ساتھیوں کے لیئے کبھی کوئی حرف شکایت آیا۔

ایک اور تصویر البم میں سامنے ہی ہے: ہم لوگ بچّوں کا رسالہ نکال رہے ہیں، ظفر کا خط ہمیشہ سے اچھا رہا ہے، چنانچہ وہ اس قلمی رسالہ کا تحریری کام کرتے ہیں اور اختؔر سعید خاں صاحب کے بڑے صاحبزادے شاہد سعید خاں جن کو ایک زمانے میں مصوری کا

بہت شوق تھا اس کے لئے ازراہِ کرم تصویریں بنادیا کرتے تھے اگرچہ وہ عمر میں ہم سے بڑے تھے اور ہماری دوستی ان کے چھوٹے بھائی راشد سعید خاں سے تھی ان کی وجہ سے وہ یہ کار گراں کیا کرتے تھے اُن دنوں ہمارا مکان اتا شجاع خاں پر تھا، اُس محلّہ میں ترقی پسند تحریک اور کمیونسٹ پارٹی کا بڑا زور تھا میرے بڑے بھائی رفیق عوامؔ پارٹی کے ورکر تھے اور میری والدہ کمیونسٹ پارٹی کی رہنما موہنی دیوی کی دوست، چنانچہ ہم نے ایک نظم لکھی، "خدا کہاں ہے؟" ظفر کو سنائی تو سخت برہم ہوئے فوراً کاغذ قلم لے کر بیٹھے اور جواب میں ایک نظم لکھ ماری، "خدا ہر کہیں ہے"۔

بعد میں ہم نے سہ ماہی "شناخت" نکالا اور ایک مدت تک صحافت کے خارزار میں شانہ بشانہ، قدم بہ قدم ساتھ ساتھ چلتے رہے اور زخمی ہوتے رہے، ؎ انگلیاں فگار اپنی خامہ خونچکاں اپنا۔

ظفرؔ صہبائی نے ایک طویل عرصہ بے روزگاری، تنہائی، تکالیف، مجبوریوں اور محرومیوں کا گزارا ہے اُس زمانے میں انھوں نے فلمی گیتوں کی طرز پر شعر کہنے کی مشق شروع کی یہ مسلسل مشق بعد میں سنجیدہ شاعری کا سبب بھی بنی ساتھ ہی ظفرؔ نے اپنے مطالعہ کے شوق کو جاری رکھا نتیجہ یہ ہوا کہ کم عمری میں ہی اس کی شاعرانہ صلاحیتوں نے عوام و خواص کو متوجہ کرنا شروع کر دیا اور آج حال یہ ہے کہ وہ اپنے ہم عصروں اور ہم عمروں میں ایک ممتاز مقام پر فائز ہے۔ کیا ہوا کہ زمانے نے شکم سیر نہ ہونے دیا اور کیا ہوا کہ وہ پذیرائی نہ مل سکی جو ملنا چاہیے تھی مگر ایک محبت کرنے والی، چاہنے والی، جاں نثار اور وفادار شریکِ حیات مل گئی کہ جس کی رفاقت میں زمانے کے مصائب کم لگنے لگے اور زندگی کی پُر خار راہیں ذرا سہل ہو گئیں۔

ظفرؔ صہبائی کا اور میرا ساتھ ایک دو برس کی بات نہیں یہ زندگی کے نصف گزر جانے کی کہانی ہے۔ ظفرؔ کے تینوں بچوں ہمایوں، صاعقہ اور عذرا کے نام میں نے رکھے، یہ کہانی محبتوں کی بھی ہے اور دوستی کی بھی اس میں ایک دوسرے کے درد میں شرکت بھی ہے اور رفاقت بھی، لڑائی بھی ہے اور ناراضگی بھی من جانے اور روٹھ

جانے کے وقفے اور لمحے بھی ہیں۔ ہم دونوں کے درمیان ادبی اختلافات بھی ہو جاتے ہیں اور جس کی وجہ سے ہم دونوں اقلیم سخن کی سیاحی میں ایک دوسرے سے دور جا پڑتے ہیں لیکن ذاتی دوستی اور موانست میں کوئی فرق نہیں آیا۔ شاہجہاں کے ملک الشعراء کلیم ہمدانی کا یہ شعر ہم دونوں پر صادق آتا ہے ؂

درمیان من و او الفت موج است و کنار
دمبدم با من و بر لحظہ گریزاں از من

اور اب جب کہ مصروفیت بڑھ گئی ہے کئی دنوں تک ملاقات نہ ہونا ایسا لگتا ہے جیسے کچھ کم ہو گیا ہے کوئی نامعلوم سی خلش پریشان کرتی ہے اور اداسی دل میں لنگر ڈال دیتی ہے۔

اور آخر میں اپنی البم کی ایک اور تصویر دکھانا چاہتا ہوں: یہ بہت دلکش اور رنگین ہے۔ ایک سفید براق کی طرح سجا سجایا وسیع اسٹیج ہے اردو کے اہم نامور اور جانے مانے شعراء کا جمگھٹ ہے اور سامنے سمندر کی طرح ٹھاٹھیں مارتا ہوا اردو کے عاشقوں اور چاہنے والوں کا مجمع ہے، مائک پر ظفؔر صہبائی کھڑے ہوئے ایک خاص انداز میں ہاتھ اٹھا اٹھا کر لفظوں کے پرندے اڑا رہے ہیں، تمام ماحول میں چاروں طرف سفید سفید پرندے اڑ رہے ہیں، شعروں پر داد و تحسین کا شور ہے اور اس کے درمیان ظفؔر کی باوقار آواز ابھر رہی ہے ؂

جو بولوں تو سویرا پھوٹنے لگتا ہے لہجے سے
مرے الفاظ میں شاید پرندے چہچہاتے ہیں

اب تھوڑا سا ذکر شاعر ظفؔر صہبائی کا جو بھوپال کے نمائندہ شعراء میں سے ایک ہیں۔

ظفؔر صہبائی کو شاعری ورثہ میں نہیں ملی، البتہ ان کے شعور میں وہ داستانیں گہرائی تک پیوست ہو گئیں جو ہماری تہذیب کا سرمایۂ افتخار ہیں، پھر ان کے استاد صہبا قریشی صاحب بھی بنیادی طور پر کلاسکی مزاج رکھتے تھے یا دوسرے لفظوں میں پرانے انداز کی شاعری پسند کرتے تھے۔ وہ زمانہ ترقی پسند تحریک کے بام عروج کا تھا۔ یہ ایک انقلابی تحریک تھی جس نے بہت سے ماضی کے مفروضات کو مسترد کر دیا تھا اور شاعری

کو کشف و الہام کے بجائے عقل و اعتدال کی راہ دکھائی، حسن پرستی اور خدا شناسی کے بجائے حقائق شناسی اور مادہ پرستی پر اصرار کیا۔ تنہا نشینی و خیال انگیزی کے بجائے مجلس آرائی اور بحث و تمحیص کو شعر کی روح قرار دیا۔ اس وقت ظفر صہبائی نے شعر کے لفظ و معنی میں اپنے استاد سے الگ راہ منتخب کی اور اپنے استاد کے نظریہ شعر سے اس طرح مودبانہ اختلاف کیا جیسے ارسطو نے افلاطون کے نظریہ شعر سے بغاوت کر کے فنی جمالیات کی بنیاد ڈالی تھی۔ تاہم ۱۹۷۰ء کے آتے آتے ترقی پسندی کا زور نہروں میں بٹ گیا۔ ایک بار پھر ادب و شعر کے رویئے میں انقلاب آیا، پرانی بساط پلٹ دی گئی اور اب جدیدیت کے تحت شب خون مارا گیا جس نے ماہیت اور انداز بیان میں تبدیلی پیدا کی اور معنی کی معمولی سی رد و بدل کے ساتھ مابعد الطبیعاتی تصورات، تنہائی اور پژمردگی کے ساتھ بالکل واقعاتی بظاہر غیر شاعرانہ موضوعات نمایاں ہوئے اور ریاضیاتی نظام کے اُس حسیات سے مخاطبت بڑھی۔ اس تخاطب میں مادی اور ریاضی نظام کے اُس پار کی آواز سنائی دیتی ہے جس کی آہٹ لینے کی کوشش کبھی کبھی غالبؔ بھی کرتے تھے۔

ہے کہاں تمنا کا دوسرا قدم یارب
ہم نے دشتِ امکاں کو ایک نقشِ پا پایا

ظفرؔ صہبائی کے تینوں مجموعہ ہائے کلام، "دھوپ کے پھول" - ۱۹۷۷ء، "چاک چاک روشنی" - ۱۹۸۸ء، اور "لفظوں کے پرندے" ۱۹۹۸ء اپنے اپنے وقت کے غالب ادبی نظریات، تبدیلیوں، شکست و ریخت، فنی بے ضابطگی، بے چہرگی، بے معنویت اور پھر سماجی حقائق کی عکاسی اور ترجمانی کرتے نظر آتے ہیں۔ ظفرؔ نے تجربہ بھی کیا اور پرانے بتوں کو توڑنے کی سعی بھی اور تعمیر کا پہلو بھی نکالا، انھوں نے نثری غزلیں بھی لکھیں، دوہے اور سانیٹ بھی کہے اور نثری نظموں کا ہفت خواں بھی طے کیا۔ در حقیقت یہ ایک ادبی، ذہنی اور فکری سفر ہے اور جس نے ظفرؔ صہبائی کو ایک حساس بیرومیٹر کی طرح بنادیا ہے جو تبدیل ہوتے موسموں کی ہلکی سے ہلکی لرزش کو بھی محسوس کر سکتا ہے۔

جانے اس دریا کی موجوں کو ہے کس کی جستجو
اِس کنارے سر پٹکنا، اُس کنارے دیکھنا

لیکن یہ بھی نہیں ہے کہ ظفؔر صہبائی نے صرف اپنے زمانے اور عہد کے فیشن و فارمولے کی نقل کی ہو بلکہ ان کے اشعار کی تہہ میں ہیومنزم کا جذبہ ہمیشہ ہی کارفرما رہا ہے اور بغیر کسی پارٹی پروگرام کی بازگشت بنے انھوں نے ظلم و ناانصافی کے خلاف آواز بلند کی ہے۔ محبت، مروت اور بہتر زندگی کے خواب نہ صرف اپنے لیئے بلکہ ساری انسانیت اور دنیا کے لیئے دیکھے ہیں اور زندہ اور تابندہ بشارتیں دی ہیں۔

ہم جو چاہیں تو دھرتی گلابوں کی ہو
ہم جو چاہیں تو سب شہر جلنے لگیں

ظفؔر صہبائی کے یہاں ایسے اشعار بڑی تعداد میں موجود ہیں جو نہ صرف خوبصورت ہیں بلکہ نئے بھی ہیں۔

خیمہ رفاقتوں کا لگانے نہیں دیا
جب وہ ملا تو ساتھ ہوا نے نہیں دیا
ہم کو یہ شرم کہ احوال نہ جانے کوئی
اور قبا اتنی دریدہ کہ چھپائے نہ بنے
مسکراہٹ میری دستک تو نہ تھی
ساعتیں کھلنے لگیں صدمات کی
شوخ رنگوں نے بہت تصویر کو بدلا مگر
پھر بھی خد و خال سے لپٹی اداسی رہ گئی
مسافر ہوں مگر احساسِ ناداری نہیں رکھتا
سرابوں کو سمندر دھوپ کو چادر بناتا ہوں
سفر میں دھوپ کے ٹھنڈی ہوائیں چلتی ہیں
ہمارے ساتھ تو ماں کی دعائیں چلتی ہیں

شجر، سبزہ، مہکتے پھول اٹھلاتے ہوئے جھرنے
زمیں کے جسم پر موسم کا ہر زیور چمکتا ہے

جو شخص مثالِ آئینہ خلقت کے روبرو ہونے کی ہمت رکھتا ہو، جو سکون سے جلنے کا شوق رکھتا ہو، جس کو غم کی چھاؤں گھنی لگتی ہو اور جو دوسروں کو جھوٹی تاریخ لکھنے سے روکتا اور فضا کی آلودگی پر ہاتھ جھٹکتا ہو اور جو اس طرح کے شعر کہہ سکے کہ ۔

مرا فن آسماں جیسا بنا دیتا ہے کاغذ کو
میں لفظوں کے پرندوں سے حسیں منظر بناتا ہوں

یا

دیکھا نگہ نے جب اسے لمحوں کے فرق سے
پہلے تو زندگی لگی پھر سانحہ لگی

جس شخص کے پاس اس کی اپنی نگاہ ہو، جو فن کو آسمان بنا دینے کا دعویٰ کرے اس سے بہت اچھی توقعات رکھنا چاہیئے۔ ویسے ظفؔر صہبائی کو آنے والی نسلیں کتنا یاد رکھیں گی اور تاریخ ادب میں ان کی کوئی جگہ متعین ہوگی یا نہیں اس کے بارے میں قیاس آرائی کرنا تنقید سے نکل کر پیغمبری کی حدود میں تجاوز کرنا ہے تاہم اتنی بات بلاخوف تردید کہی جاسکتی ہے کہ وہ اپنے زمانے اور شہر کے Established شاعر ہیں۔ اردو کی دور و نزدیک تمام بستیوں کے ادبی رسائل میں وہ چھپتے ہیں اور مشاعروں میں پڑھتے ہیں اور پسند بھی کیئے جاتے ہیں۔ ان کے کلام کی پذیرائی اور قدر شناسی مستقبل میں ہوگی یا نہیں اس کے لیئے دعویٰ تو نہیں دعا کی جاسکتی ہے اور غالؔب کی زبان میں یوں مژدہ دیا جاسکتا ہے ۔

مژدۂ صبح دریں تیرہ شبانم دادند
شمع کشتند و زخورشید نشانم دادند

اقبال مسعوؔد

۱۹، بی، احمد آباد پیلیس،

بھوپال (ایم پی) 462 001

"آئینہ سچ بولتا ہے"

غزل ایک قدیم صنفِ سخن ہے جو عربی، فارسی اور اردو زبانوں میں صدیوں کی مسافت طے کر کے بیسویں صدی کے پُر آشوب دور کو عبور کر کے اکیسویں صدی میں داخل ہونے لے لیئے کمربستہ ہے۔

اگر چہ اردو شاعری نے تنگنائے غزل کے حدود سے نکل کر، اظہار و بیان کے نئے اسالیب، نئی وسعتیں ایجاد کرلی ہیں، لیکن اس کے باوجود غزل کی ہردلعزیزی، سحر کاری اور دلفریبی سے اس لیئے انکار ممکن نہیں کہ اس صنف سخن نے ہیئتی ساخت کو برقرار رکھتے ہوئے تبدیل شدہ حالات کے تقاضوں کے بموجب خود کو ڈھال لیا ہے۔

اردو غزل میں موضوعاتی تجربوں کا سلسلہ ابتداء ہی سے جاری ہے لیکن گذشتہ نصف صدی کے دوران اس بلبلِ ہزار داستان اور طوطیٔ شیوہ بیان میں جس قدر رنگا رنگ تجربے عمل میں آئے ہیں اُنھیں دیکھ کر ایسا محسوس ہونے لگا ہے کہ گویا اس کے ذریعہ اظہار خیال کے لیئے اب کوئی موضوع باقی ہی نہیں رہا۔

اردو غزل میں بنیادی طور پر دو رجحانات ملتے ہیں، پہلا تقلیدی، دوسرا روایت سے بغاوت یا جدت پسندی۔ یہ سچ ہے کہ شعراء کی ایک بڑی تعداد ایسی ہے جن کے یہاں سوائے تقلید و تکرار کے کہنے کو کچھ نہیں ہے لیکن انھیں شعراء میں ہر عہد میں چند نام ایسے بھی مل جاتے ہیں جن کے یہاں کورانہ تقلید یا معاصرین کے خیالات کی عکس کاری کے بجائے حقیقی تجربات و مشاہدات کی آنچ اور تخلیقی رچاؤ کی کارفرمائی دیکھی جاسکتی ہے۔

غزل کی آبرو، دراصل انھیں شعراء کے دم سے قائم ہے اور انھیں کی کاوشِ فکر و نظر سے غزل نہ صرف سفرِ ارتقاء کی جانب گامزن ہے بلکہ ہمارے عہد کے تمدنی بحران اور تہذیبی خلفشار کو مخصوص رمزیت و ایمائیت کے ساتھ اپنے دامن میں سمیٹے نظر آتی ہے۔

اگرچہ دیگر اصناف سخن کے مقابلے، غزل میں تغیر و انحراف کی زیادہ گنجائش نہیں ہے لیکن اس کے باوجود بعض شعرائے کرام نے عصری زندگی کے تقاضوں کی تکمیل کی خاطر اردو غزل کو نیا رنگ و آہنگ عطا کرنے کی کوشش کی ہے۔

بھوپال کے جن شعراء کے یہاں یہ کوشش خوشگوار انداز میں ملتی ہے اُن میں کیفؔ بھوپالی، تاجؔ بھوپالی، مظفرؔ حنفی، عشرتؔ قادری، بشیر بدرؔ، اجلالؔ مجید، مرتضیٰ علی شادؔ، (مرحوم)، سید حامدؔ جعفری (مرحوم)، نجیب رامشؔ، اور ظفرؔ صہبائی کے نام قابلِ ذکر ہیں جن کے لیئے میر تقی میرؔ کا یہ شعر صادق آتا ہے ؎

نکتہ دانانِ رفتہ کی نہ کہو

بات وہ ہے جو ہووے اب کی بات

ظفرؔ صہبائی کا شمار بھوپال میں نئی نسل سے تعلق رکھنے والے اہم شعراء میں ہوتا ہے۔ انھوں نے ۱۹۶۰ء میں میدانِ سخن میں اس وقت قدم رکھا جب ترقی پسند تحریک کا سورج نصف النہار کو پہنچ کر رو بہ زوال تھا۔ تبدیل شدہ حالات میں اس نسل کا ذہن نئے انداز سے مشقِ سخن میں مصروف تھا اور جدیدیت کا رجحان ایسا سیلاب بن کر اُبھر رہا تھا جس کے دھارے میں کئی فنکار بہنے لگے تھے۔ ان میں جو مشاق تھے وہ اپنی منزل پا گیئے لیکن نو مشق شعراء کی بڑی تعداد اس بھنور میں ایسی پھنسی کہ اُسے کہیں کنارہ نہ مل سکا۔

مذکورہ بالا ماحول میں جب ظفرؔ صہبائی نے شاعری کا آغاز کیا تو ان کے سامنے ایک جانب بھوپال کی کلاسیکی اور ترقی پسند شاعری کی شاندار روایت موجود تھی اور دوسری جانب جدیدیت کا رجحان پوری شدومد کے ساتھ نئے فنکاروں کو اپنی جانب متوجہ کر رہا تھا۔ تشکیک اور کشمکش سے پُر اس ماحول میں بنا ڈگمگائے صحیح راہ چلنا یا اپنی صلاحیتوں کے جوہر دکھانا ظاہر ہے کہ آسان کام نہ تھا۔

ظفرؔ صہبائی نے ایک جانب جہاں ماضی کی صالح روایات سے انحراف نہیں کیا وہیں دوسری جانب بدلتے حٰالات میں نئے تقاضوں کو لے کر اپنے شعری سفر کا آغاز اس

طرح کیا کہ اُن پر کوئی لیبل چسپاں نہ کیا جاسکے۔ بقول خود ؂

ہم نے جدیدیت پہ تو رکھی اساسِ فن
لیکن روایتوں کو بھی رسوا نہیں کیا

یا ؂

اب بھی سلگنے لگتا ہے ظلموں کو دیکھ کر
میرے لہو سے میری روایت نہیں گئی

ظفرؔ صہبائی کے دو شعری مجموعے "دھوپ کے پھول" اور "چاک چاک روشنی" نیز زیرِ نظر مجموعہ کلام "لفظوں کے پرندے" میں شامل اشعار کے مطالعے سے اندازہ ہوتا ہے کہ شاعر نے اُردو غزل میں مروجہ رنگ اور طرز سے حسبِ توفیق و استطاعت استفادہ کرکے تجربات و مشاہدات کی روشنی میں اپنے افکار و احساسات کو جس طرح اشعار کے پیکر میں ڈھالا ہے اس سے اُن کا شمار اس قبیل کے شعراء میں کیا جاسکتا ہے جو تحریک، نظریہ یا رجحان کے مقابلے میں مسائل اور موضوع کو زیادہ اہم سمجھتے ہیں۔

وہ جب دیکھتے ہیں کہ آزادی کے جشنِ سیمیں کے بعد بھی ہندوستان میں غربت، بے روزگاری اور بدعنوانی میں کمی کے بجائے روز بروز اضافہ ہو رہا ہے اور پورا معاشرہ اس میں ملوث ہوتا جارہا ہے تو ان کا لہجہ تلخ ہوجاتا ہے اور ان کے قلم سے یہ دعا صدا بن کر اُبھرتی ہے ؂

ربا لبِ سخن کو پھر آگ بھرا ایاغ دے
دشتِ ہوا میں رکھ سکوں، ایسا کوئی چراغ دے

بطور فیشن باغیانہ لب و لہجہ اور تشکیک و جھنجھلاہٹ کے باعث نئی شاعری کی تعمیری قوت نہ صرف متاثر ہو رہی ہے بلکہ وہ شوقِ فضول کا نمونہ بھی بنتی جارہی ہے لیکن جب یہی عناصر بدلتے سیاسی و سماجی منظر نامے کے تحت حدِ اعتدال کے ساتھ شاعر کے داخلی تجربات سے گزر کر اشعار کی صورت میں سامنے آتے ہیں تو ان کی دیرپا اثر انگیزی اور معنویت ہر پڑھنے والے کو متاثر کرتی ہے۔

میں ظفر صہبائی کے مزاج اور حالات زندگی سے بخوبی واقف ہوں اس وجہ سے کہہ سکتا ہوں کہ ان کے کلام میں شامل یہ عناصر کسی فیشن یا فارمولے کا نتیجہ نہیں بلکہ ان حالات کا نتیجہ ہیں جو انھیں در پیش رہے ہیں۔ اس ضمن میں ان کے یہ اشعار بڑی حد تک مبنی بر حقیقت ہیں ۔

ہمارا درد ہمارا ہے دردِ میرؔ نہیں
کہ ہم بھی صاحبِ املاک ہیں فقیر نہیں

دھڑکنا دل کا تم کاغذ پہ بھی محسوس کرلوگے
میں لفظوں میں سمو کر دھڑکنیں جذبات لکھتا ہوں

غموں کا اب کوئی موسم نہیں ہے
یہ میلہ سال بھر لگنے لگا ہے

اپنے گھر کی چھت بھی کھلی ہے، دیواروں میں در ہیں بہت
بارش دھوپ ہوا جو چاہے آجائے آسانی سے

خود کو اشکوں سے بجھالیتا ہوں دن بھر جل کر
سرد ہو جاتی ہے یہ ارضِ عرب شام کے بعد

ہم رہنے والے خاک اُڑاتی گلی کے ہیں
غزلوں میں رنگ و نور کے پیکر کہاں سے لائیں

شدائد رنج و محن کے اظہار کے باوجود بھی ظفرؔ صہبائی کا رویہ منفی پہلو اختیار نہیں کرتا بلکہ وہ اسے کارِ پیمبری متصور کرتے ہوئے کہتے ہیں ۔

کارِ پیمبری ہے یہ کارِ پیمبری نہ چھین
درد سے مت نجات دے، رنج سے مت فراغ دے

ظفرؔ صہبائی کے تخلیقی رویے کا اظہار ان اشعار سے ہوتا ہے:

خبر تبدلیٔ آب و ہوا سے پوچھتے رہیے
سخن کا راستہ خلقِ خدا سے پوچھتے رہیے

پھر دیکھ زندگی کے مزے تجربوں کے رنگ
باہر قدم نکال ذرا سائبان چھوڑ

کلامِ ظفرؔ میں نئی استعارہ سازی کی کوشش کے ساتھ کلاسیکی علائم کی توسیع کا عمل بھی دیکھا جاسکتا ہے اور معاصر شعراء میں ندا فاضلیؔ، مظفرؔ حنفی، محمد علویؔ وغیرہ جدید شعراء کی آواز بازگشت بھی سنی جاسکتی ہے۔ مثلاً ؎

جھگڑیں اور من جائیں ایسی آسانی مل جائے
کاش بڑوں کو بچوں جیسی نادانی مل جائے

بے وفا دونوں، حسیں بھی دونوں
تجھ کو بھی دیکھا، جہاں بھی دیکھا

یہ دھرم راگ سیاست کی بین کے اندر
کہ جیسے سانپ کسی آستین کے اندر

کل پڑھیں گے کتاب میں بچّے
ایک تھا شیر ایک تھا جنگل

خدا بچائے گا تجھ کو اگر بچانا ہے
یہ مت سمجھ کہ تجھے مصلحت بچائے گی

آج بھی گزرے گی کل جیسی قیامت اُس پر
ہاتھ بچّے کا جھٹک دے گا کھلونے والا

ظفرؔ صہبائی نے اپنے بعض اشعار میں نجی تجربے اور ادراک سے زندگی کی ماہیت اور حقیقت کو سمجھ کر خارج میں واقع ہونے والے تغیرات کا جس طرح اظہار کیا ہے اس میں عصری تقاضوں کا عکس نمایاں نظر آتا ہے۔ ؎

چلن مدینہ کا اب بھول جائیے صاحب
مُہاجروں کو اب انصار مار دیتے ہیں

اپنا یہ عہد کثافت سے بھرا ہے اتنا
اب تو خوشبو بھی بہت سوچ کے پر کھولے گی

ظفر صہبائی نے روایت کی پختہ اساس پر جدت کے رنگ برنگ پھول کھلائے ہیں اور پامال موضوعات کو بھی نیا اور دلکش پیراہن عطا کر دیا ہے۔ مثلاً؎

میں اتنی نیکیاں لاؤں کہاں سے
مرے اللہ دریا ہر جگہ ہے
شکنتلا کے آہو جیسا لگتا ہے
وہ تو بالکل جادو جیسا لگتا ہے

سب کو پڑی ہے جان کی ایمان کی نہیں
ہوں گے نہ کربلا میں بہتر بھی اب کے ساتھ
ہر ایک وار پہ میں ہنس دیا مثالِ رسول
مرے سلوک سے خنجر کی آب جلنے لگی
اکیلے عیش کی چاہت نے گھر کیئے ویراں
بزرگ چہروں کے دم سے تھیں رونقیں گھر کی
سبھی نے اوڑھ لی تہذیب تیغ و خنجر کی
سنبھالے کون وراثت یہ ڈھائی اکشر کی

کلامِ ظفر کا نمایاں پہلو طنز و نشتریت ہے۔ اگرچہ طنز کی شدت نے اکثر جگہ ان کے یہاں کھردرا پن پیدا کر دیا ہے لیکن جہاں جہاں یہ پہلو اعتدال سے متجاوز نہیں ہوتا، متاثر کن ثابت ہوتا ہے۔ مثال کے طور پر چند اشعار ملاحظہ کیجئے:

امارت سے تمھاری کم نہیں قد اپنی غربت کا
ہماری مفلسی بھی درد کی جاگیر رکھتی ہے
وہ جانتا ہے کہ سستے ہیں آج کل خوددار
بس ایک لقمہ سراپا سپاس کردے گا

ہمارے راہ نما بھی بڑے مہاجن ہیں
امیدیں سود پہ ہم کو ادھار دیتے ہیں

جہاں سے کھلنے تھے عالم پناہ آپ کے بھید
وہیں سے آپ نے حدِ ادب مقرّر کی

ظالم ہمارے بچّوں کی روٹی گھٹا گیا
پھر سے مکان دار کرایہ بڑھا گیا

ظفؔر صہبائی کے کلام میں مقامی لب و لہجہ اور فضا کی جھلکیاں دیکھی جاسکتی ہیں:

وقت ہر شے کو روند دیتا ہے
وقت اکھڑ ہے بدؤں کی طرح

انھیں خوش فہمیوں میں کٹ رہی ہے زندگی اپنی
ہمارا نام خالی ڈھول ہے پر دھاک رکھتا ہے

یہاں تو لوگ باون گزے ہیں بہت
یہ بھوپال نگری جگہ خوب ہے

یہ سچ ہے کہ ظفؔر صہبائی ایک باصلاحیت شاعر ہیں لیکن ایسا بھی نہیں کہ ان کا سارا کلام عیوب سے پاک ہو۔ ہر شاعر کی طرح ان کے کلام میں محاسن کے ساتھ کچھ معائب بھی مل جاتے ہیں۔

حقیقت نگاری اور تازہ کاری کے عمل نے کلامِ ظفؔر میں کہیں کہیں جہاں یک رخا پن اور سپاٹ پن پیدا کردیا ہے وہیں کبھی کبھی ان کی زبان عامیانہ رنگ بھی اختیار کرلیتی ہے۔ حد سے زیادہ صاف گوئی اور بے باکی کی کوشش میں ان کے بعض اشعار محض Statement بن کر رہ جاتے ہیں ایسے مواقع پر وہ شاعر خوش بیان کے منصب کے بجائے ناصح مشفق کے منصب پر فائز نظر آتے ہیں ایسا محسوس ہوتا ہے کہ ان کی بعض تراکیب محض وزن کے جبر کے تحت استعمال ہوئی ہیں جن میں عجز بیان کی خفیف جھلک بھی دیکھی جاسکتی ہے۔

نئے پن اور چونکا دینے والے انداز کے باعث ان کے یہاں بعض اشعار میں عوامی نفسیات کے نعرے یا خبر کاری کا انداز نمایاں ہونے کی وجہ سے ایسے اشعار کے تخلیقی عمل میں وجدانی حسیت کی کمی کا احساس ہوتا ہے۔ زیرِ نظر مجموعے کی بیشتر غزلیں مقطع سے عاری ہیں

اس مختصر جائزے سے ظفؔر صہبائی کا جو تخلیقی تشخص ظاہر ہوتا ہے وہ یہ ثابت کرنے کے لیئے کافی ہے کہ انھوں نے اپنی فنکارانہ صلاحیتوں کو بروئے کار لانے کی مقدور بھر کوشش کی ہے۔ اس کوشش میں وہ کہیں زیادہ کامیاب نظر آتے ہیں تو کہیں کم!

ظفؔر صہبائی نے شاعری کے افق پر لفظوں کے پرندوں سے جو مناظر تخلیق کیئے ہیں اُن کی روشنی میں ان کا یہ دعویٰ کسی حد تک غلط نہیں کہ ۔

مرا فن آسماں جیسا بنادیتا ہے کاغذ کو
میں لفظوں کے پرندوں سے حسیں منظر بناتا ہوں

۲۴؍ جولائی ۱۹۹۷ء

محمد نعمان خاں
صدر شعبۂ اردو، سیفیہ کالج، بھوپال

ربّا لب سخن کو پھر آگ بھرا ایاغ دے
دشتِ ہَوا میں رکھ سکوں ایسا کوئی چراغ دے

اللہ دھوپ کی رِدا سر سے ہمارے کھینچ لے
جلتی ہوئی زمین کو سبز دل و دماغ دے

سب کو عطا کرے ہے وہ ظرف کو تول تول کر
چاہے دکھوں کا دشت دے، چاہے بہار و باغ دے

کوئی نہیں کہ پوچھ لوں، کون تھا وہ کہاں گیا
آئینہ خود ہے دم بخود آئینہ کیا سراغ دے

تیرے حلیف جتنے تھے سب نے چکا لیا ہے قرض
میرے حبیب چپ ہے کیوں تو بھی تو کوئی داغ دے

کارِ پیمبری ہے یہ ، کارِ پیمبری نہ چھین
درد سے مت نجات دے، رنج سے مت فراغ دے

مری آنکھوں میں شب بھر چاند کا خنجر چمکتا ہے
تری فرقت کے صحرا میں ترا منظر چمکتا ہے

در و دیوار پر جیسے اُجالے رقص کرتے ہیں
یہ کس کی آمد آمد ہے کہ سارا گھر چمکتا ہے

اُتر تے ہیں ستارے آسماں سے لفظ بن بن کر
جب اُس کی گفتگو کیجے سخن لب پر چمکتا ہے

شجر، سبزہ، مہکتے پھول، اٹھلاتے ہوئے جھرنے
زمیں کے جسم پر موسم کا ہر زیور چمکتا ہے

وہ اتنا منفرد ہے دوسرا ہو ہی نہیں سکتا
کہیں بھی دیکھ لیجے، ایک ہی پیکر چمکتا ہے

عدالت نے سند دیدی ہے اُن کو بے گناہی کی
لہو کا رنگ جن کی آستینوں پر چمکتا ہے

مثالِ آئینہ خلقت کے روبرو ہونا
بڑا کمال ہے موضوعِ گفتگو ہونا

یہ عہدِ میرؔ نہیں جو کبھو کبھو ہووے
کہ اب ہے روز کا معمول دل لہو ہونا

علامتیں ہیں یہ ویرانیوں کے آنے کی
اُجڑنا دشت، زمینوں کا بے نُمو ہونا

بنائے رکّھے ہواؤں سے دھوپ سے یاری
جو پھول چاہے سرِ شاخ سرخرو ہونا

کچھ اپنے آپ کی پہچان بھی رہے محفوظ
مجھے پسند نہیں اُن سا ہوبہو ہونا

دلوں کے بیچ وہ ایسے شگاف ڈال گیا
رفو گروں سے بھی ممکن نہیں رفو ہونا

میرے ہی خون سے ہے تر دلّی
یوں ہے کہنے کو میرا گھر دلّی

جو ہوا کے خلاف اُڑتے ہیں
کاٹ دیتی ہے اُن کے پر دلّی

خار و خس جب بھی متّحد ہوں گے
پھینک دے گی کوئی شرر دلّی

دیکھ لو منظر اور پس منظر
سازشوں میں ہے نامور دلّی

چھوڑ کر اپنی آنکھ کا شہتیر
اور سب سے ہے باخبر دلّی

کیوں ظفؔر چوکتے ہو کہنے میں
چھوڑتی جب نہیں کسر دلّی

پرانا وقت بچھڑے یار جب بھی یاد آتے ہیں
گھنیرے سبز باغیچے بدن میں پھیل جاتے ہیں

سلگتی دھوپ کے مارے مرے ارماں بھی ہیں ان میں
سمے کے پاؤں کے نیچے جو پتے چرمراتے ہیں

جو بولوں تو سویرا پھوٹنے لگتا ہے لہجے سے
مرے الفاظ میں شاید پرندے چہچہاتے ہیں

تم ان کو گاؤں کی پگڈنڈیوں سا نرم مت سمجھ
بڑے ظالم ہیں پکے راستے جو شہر جاتے ہیں

خزاں کی کوکھ سے ہی جنم لیتا ہے نیا موسم
شجر پھر سے ہرے پتوں کی پوشاکیں بناتے ہیں

یہ دنیا ہے یہاں آسانیوں سے کچھ نہیں ملتا
بھنور میں ڈوبنے والوں کو ہی ساحل بلاتے ہیں

دھڑکن کو دل کی لفظ بنانا کمال تھا
ہم نے کیا وہ کارِ ہنر جو محال تھا

جنگل میں اور گھر میں کوئی فرق ہی نہیں
اپنا وہی ہے حال جو غالبؔ کا حال تھا

تاریخ کا غرور رہا ہے مرا وجود
میں اس زمیں پہ آپ ہی اپنی مثال تھا

ہم تو سمجھ رہے تھے اُڑانیں فضول ہیں
دیکھا تو ٹکڑے ٹکڑے ہواؤں کا جال تھا

حاتم جواب دینے کی ہمّت نہ کرسکا
وہ غربتوں کا ایسا مکمّل سوال تھا

لشکر میں اُس کے فتح کے نعروں کی گونج تھی
روشن مگر جبینوں پہ نقشِ زوال تھا

خوشبوؤں، پھولوں کے، رنگوں کے نظارے دیکھنا
ہیچ اُس کے سامنے سب استعارے دیکھنا

آج پھر اس نے گلابی ہاتھ پھیلا کر کہا
ہوں گے کب روشن مری قسمت کے تارے دیکھنا

جانے اِس دریا کی موجوں کو ہے کس کی جستجو
اِس کنارے سر پٹکنا ، اُس کنارے دیکھنا

جیت لینے کی غلط فہمی بہت ہے آپ کو
جب کھُلیں گے میز پر پتے ہمارے دیکھنا

اس لیئے دِہکا رکھا ہے اپنے سینے میں الاؤ
اچّھا لگتا ہے مجھے شعلے ، شرارے دیکھنا

سیٹیاں سی بج اُٹھیں گی ، ڈالیاں لہرائیں گی
جب ہوا آئے تو پیڑوں کے اشارے دیکھنا

لفظوں سے جسم ، معنی سے چہرا بنالیا
ہم نے غزل سے تیرا سراپا بنالیا

سائل لبوں پہ ہجر کے نوحے سجالیے
آنکھوں کو انتظار میں کاسہ بنالیا

یہ انتہا ہماری رواداریوں کی ہے
اپنے ہی قاتلوں کو مسیحا بنالیا

اُنکر سے پھوٹنے لگے تخمِ خیال میں
مٹّی سے اب شعور نے رشتہ بنالیا

یاروں کی دشمنی کا دیا ہم نے یوں جواب
خوشبو سی طبع ، پھول سا لہجہ بنالیا

یہ کارِ نیک بن گیا معمول روز کا
تم نے ستم کو ایک طریقہ بنالیا

خیمہ رفاقتوں کا لگانے نہیں دیا
جب وہ ملا تو ساتھ ہوا نے نہیں دیا

داغوں کو چاند، زخموں کو ہم نے کیا چراغ
گھر میں کبھی اندھیروں کو آنے نہیں دیا

زنجیر بن گئی، کبھی دیوار بن گئی
دنیا نے اُس کا ساتھ نبھانے نہیں دیا

اب معترض وہی ہے ہرے کیوں نہیں ہیں ہم
مٹّی میں جس نے پاؤں جمانے نہیں دیا

رستہ بنانے والے ہی منزل پہ آئے ہیں
رستہ کسی کو دشتِ بلانے نہیں دیا

فصلیں دکھوں کی اس نے اگائی ہیں آپ ہی
انساں کو کوئی رنج خدا نے نہیں دیا

مرے زخموں پہ انگارے تری تقریر رکھتی ہے
مگر تہذیب مجھ کو تابعِ زنجیر رکھتی ہے

امارت سے تمہاری کم نہیں قد اپنی غربت کا
ہماری مفلسی بھی درد کی جاگیر رکھتی ہے

کوئی کڑوا سخن بھی جان لے لیتا ہے انساں کی
ذرا سی بے رخی بھی زہر کی تاثیر رکھتی ہے

بہادر کون ہے یہ فیصلہ خود لوگ کرلیں گے
دیئے کے پاس ہمّت ہے، ہوا شمشیر رکھتی ہے

چھتیں پڑنے سے پہلے ہی دھنسی جاتی ہیں دیواریں
یہ کس دلدل پہ بنیادیں نئی تعمیر رکھتی ہے

ابھی تک بے اثر ہیں اُن پہ سب قربانیاں اپنی
یہ سنتے تھے محبت قوّتِ تسخیر رکھتی ہے

ہمارا نعرۂ مستانہ کل کی بات ہے، لیکن
ہماری مصلحت اب زیرِ لب تکبیر رکھتی ہے

چلتے چلتے تیز ہوا نے ایسی جست بھری
سہما ہوا ہے پتّہ پتّہ شاخیں ڈری ڈری

ردّی کاغذ کا ٹکڑا ہے اس اندھوں کی بستی میں
کون پڑھے گا؟ میری غزل ہے چٹھی لہو بھری

دور تلک زخموں کی فصلیں جیسے پھول ہی پھول
دل کی وادی کتنی ٹھنڈی کیسی ہری ہری

یہ بازی دلچسپ ہے لیکن مات تجھے ہی ہو گی
مٹّی میں مل جائے گی اک دن ساری ناموری

بچھڑے تو کچھ کہہ نہ سکے ہم یہ حالت تھی دونوں کی
ٹوٹے ٹوٹے حرف لبوں پر، آنکھیں بھری بھری

باقی سارے جو کھم اُس نے سونپ دیئے ہیں ہم کو
تقریروں کی سرحد تک ہے اُس کی پیمبری

سراب ہوتے ہوئے معتبر سا لگتا ہے
سفر میں دھوپ کا چہرہ شجر سا لگتا ہے

خلوص سا در و دیوار سے ٹپکتا ہوا
یہ ٹوٹا پھوٹا مکاں اپنے گھر سا لگتا ہے

نہ جانے کون سے آسیب سامنے آجائیں
اُتر کے اپنے ہی باطن میں ڈر سا لگتا ہے

کسی کے خط کی عبارت کا عکس تھا اس میں
ہوا کا جھونکا مجھے نامہ بر سا لگتا ہے

ہتھیلیوں پہ وہ چہرہ ٹکائے سوچ میں ہے
کچھ اپنے آپ سے بھی بے خبر سا لگتا ہے

کسی کی داد کی پرواہ اُس کے فن کو نہیں
مجھے ظفؔر بھی حُسن کوزہ گر سا لگتا ہے

رہے یہ جان بھی کیوں تم پہ وار دیتے ہیں
چلو یہ آخری سکہ بھی ہار دیتے ہیں

چلن مدینے کا اب بھول جایئے صاحب
مہاجروں کو اب انصار مار دیتے ہیں

اذان سنتے ہی بارش کی میری آنکھوں سے
لباسِ گرد مناظر اُتار دیتے ہیں

بس اک صدائے محبّت ہے ہم فقیروں پاس
کوئی سنے نہ سنے ہم پکار دیتے ہیں

ہمارے راہ نما بھی بڑے مہاجن ہیں
اُمیدیں سود پہ ہم کو اُدھار دیتے ہیں

بہت سنبھال کے رکھ سایۂ بزرگاں کو
تمام عمر یہ برگد بہار دیتے ہیں

ترے بدن کو غموں کا لباس کر دے گا
تجھے بھی ذہن کے زمانہ کپاس کر دے گا

اُداسیوں کا سبب مجھ سے پوچھتے کیوں ہو
مرا جواب تمہیں بھی اُداس کر دے گا

زباں نہ کھول! پریشانیاں تری سُن کر
زمانہ اور تجھے بدحواس کر دے گا

وہ جانتا ہے کہ سستے ہیں آج کل خوددار
بس ایک لقمہ سراپا سپاس کر دے گا

تُو اُس کے واسطے پلکوں پہ مت چراغ جلا
وہ اور اندھیرے ترے آس پاس کر دے گا

بھروسہ کچھ نہیں اُس شخص کی سیاست کا
کسے گلاب، کسے نقشِ یاس کر دے گا

جلتے شہر پہ برف کے موتی برسانے دو بارش کو
شور مچاتے بچوں جیسی لہرانے دو بارش کو

مدّھم مدّھم آنکھ سے برسے شدّت اچھّی بات نہیں
گھر میں یوں سیلاب نہ لائے سمجھانے دو بارش کو

سردی، گرمی، دو موسم ہیں میرے تمہارے ہجر کے بیچ
بھیگیں گے پھر پیڑ کے نیچے لوٹ آنے دو بارش کو

اتنی دیر میں دُہرالیں گے آؤ پُرانے قصّے ہی
اب ایسی بھی کیا عجلت ہے تھم جانے دو بارش کو

کب تک دور رَکھے گا آخر، بادل خود کو دھرتی سے
بڑھنے دو یہ پیاس کی شدّت ترسانے دو بارش کو

رو لینے دو ان آنکھوں کو کب سے دُھند میں ڈوبی ہیں
دھول بھرے سب شیشے گھر کے چمکانے دو بارش کو

اب تو در کھول دے عطاؤں کے
تھک چلے ہاتھ بھی دعاؤں کے

کاش ہم کو نصیب ہو جاتے
سارے پیوند اُن قباؤں کے

پر شکستہ تھے سب پرند، مگر
ہوش گم کر دیئے ہواؤں کے

ہم ہوا کے خلاف اُڑتے ہیں
ہم مسافر نہیں ہواؤں کے

چاند مانگا تھا میری آنکھوں نے
قافلے آ گئے گھٹاؤں کے

آسماں کے حریف بن جائیں
کاش طائر مری صداؤں کے

نہ اُن کا حُسن ہی کم ہے، نہ کچھ ادا کم ہے
جو میں نہیں ہوں تو کہتے ہیں آئینہ کم ہے

وہ اتنا خوب ہے، میں تو قصیدہ لکھ دیتا
مگر یہ داغ ہے اُس چاند میں وفا کم ہے

مرے بزرگو! بہت محترم ہیں آپ مگر
یہ سچ ہے آج کے بچوں سے تجربا کم ہے

کسی طلسم کا در پھر سے کھولنا ہوگا
سفر پڑا ہے بہت اور راستہ کم ہے

اسی کمی کے سبب میں اُنھیں عزیز نہیں
کہ میری غزلوں میں اک حرفِ التجا کم ہے

مرے خدا اسے مقبولیت عطا کر دے
فرازِ عرش سے کچھ کچھ مری دعا کم ہے

آتشِ دشتِ نفس ختم کہاں ہوتی ہے
دب تو جاتی ہے ہوس ختم کہاں ہوتی ہے

رنگ و خوشبو کا سماں تیرے ٹھہرنے تک ہے
پھر خزاں برسوں برس ختم کہاں ہوتی ہے

مشغلہ اچھا ہے دیواریں گرانے کا مگر
اس طرح حدِ قفس ختم کہاں ہوتی ہے

ہم سمجھتے ہیں کہ ہے آخری اسٹاپ مگر
پھر سے مُڑ جاتی ہے بس، ختم کہاں ہوتی ہے

☆

پاؤں ذلّت کی زمینوں میں گڑے ہیں کب سے
سر جھکے لوگ قطاروں میں کھڑے ہیں کب سے

اس خزانے پہ جتاتا ہی نہیں حق کوئی
یہ نگینے مری آنکھوں میں جڑے ہیں کب سے

کردار کچھ ملے ہیں ، انوکھے ہی ڈھب کے ساتھ
سب سے محبتیں ہیں منافق ہیں سب کے ساتھ

اک ہم ہی کیا ؟ کوئی بھی یہاں مطمئن نہیں
"دھڑکا لگا ہوا ہے سویرے کا شب کے ساتھ"

ساری مغلّظات مبارک ہوں آپ کو
کرتے ہیں اختلاف بھی ہم تو ادب کے ساتھ

سارے سبق پڑھے ہیں اُسی سے حیات کے
چلتا ہے علم جُھک کے جس اُمّی لقب کے ساتھ

زیور بغیر لگتی ہے بے رنگ سی دلہن
دولت بھی تھوڑی چاہیے نام و نسب کے ساتھ

سب کو پڑی ہے جان کی ، ایمان کی نہیں
ہوں گے نہ کربلا میں بہتّر بھی اب کے ساتھ

جو اپنے وطن، اپنی زمیں کا نہیں رہتا
رہتے ہوئے دنیا میں کہیں کا نہیں رہتا

اے اہلِ وطن تم مجھے سینے سے لگالو
ٹھکرائے جسے گھر وہ کہیں کا نہیں رہتا

اُس نے بھی یہاں آ کے وفا مجھ سے نہیں کی
غم ورنہ مجھے خلدِ بریں کا نہیں رہتا

مل جاتے حدیں توڑ کے دل دونوں طرف سے
گر بیچ میں ٹکڑا یہ زمیں کا نہیں رہتا

○

چھپا رہا تھا کہ رسوائی بن گئے آنسو
جو آنکھ بند کی پلکوں سے چھن گئے آنسو

میں اُس کے سامنے تفصیل کیا بیاں کرتا
کتابِ درد کی تلخیص بن گئے آنسو

مدینہ کھو گیا مایوس ہجرت رو رہی ہے
ہر اک رستے پہ بے منزل مسافت رو رہی ہے

یہ کیسا شور باطن میں اُترتا جا رہا ہے
یہ شاید آسمانوں پر قیامت رو رہی ہے

جسے ڈھانے کا غم میں بھول جانا چاہتا ہوں
مرے گھر میں وہی ٹوٹی عمارت رو رہی ہے

دلوں کے فاصلوں کے بیچ ماتم ہے کیسا
جواباً سسکیاں بولیں رفاقت رو رہی ہے

پڑی ہے میان میں تلوار قرآن طاق پر ہے
کہاں ہو وارثو! تم پر وراثت رو رہی ہے

مرے اللہ اس کے آنسوؤں کو پونچھ بھی دے
ترے محبوب کی مظلوم اُمّت رو رہی ہے

دن ہے مقتل تو شام دوزخ ہے
اب یہ دنیا تمام دوزخ ہے

جاؤں باہر تو دھوپ ہے سر پر
اور جائے قیام دوزخ ہے

ہم تو جنت سمجھ کے آئے تھے
یہ زمیں تو تمام دوزخ ہے

یہ بدن ہے الاؤ خواہش کا
ہاں اسی گھر کا نام دوزخ ہے

☆

دکھوں کو بانٹنے والا مزاج ختم ہوا
وہ خاندان سا اپنا سماج ختم ہوا

دعا بزرگوں کی بچوں کو اب ملے کیسے
کہ اب سلام و دعا کا رواج ختم ہوا

دھیرے دھیرے نغمہ بولے ، کل کل بہتے پانی کا
دامن تھامے کیوں بیٹھا ہے پاگل بہتے پانی کا

ہاتھ پکڑ کر کھینچ لیا یوں، ہم پورے ہی ڈوب گئے
ہم سے ایسے ہُوا پرتیچ چنچل بہتے پانی کا

برساتوں کا کیا ہے وہ تو وقت پہ آتی جاتی ہیں
میری آنکھوں میں موسم ہے ہر پل بہتے پانی کا

لہروں لہروں رنگ انوکھے دکھلائیں انسانوں کو
جھرنے ، دریا ، ندیاں لاگیں آنچل بہتے پانی کا

او دھرتی! او میری دھرتی اپنا روپ چھلکنے دے
سجتا ہے کیا تیرے بدن پر ململ بہتے پانی کا

ساحل تک جا پہنچی دیکھو چیر کے سینہ دھاروں کا
چھوٹی سی اک ناؤ نے توڑا کس بل بہتے پانی کا

بے روک ٹوک راستہ چلنے کا شوق ہے
سناٹوں کو اکیلے ٹہلنے کا شوق ہے

آہستہ اے ہواؤ ! نہ بھڑکے دلوں کی آگ
ہم کو ذرا سکون سے جلنے کا شوق ہے

خوشیاں ، ملال ، زخم ، سبھی کو بسا چکا
دل کو کرائے دار بدلنے کا شوق ہے

ورنہ یہ آنسوؤں کے خزانے کہاں سے آئیں
جذبوں کو موم بن کے پگھلنے کا شوق ہے

زخموں کا پیڑ ہوں ، یہ کرم مجھ پہ کیوں نہیں
موسم کو جب لباس بدلنے کا شوق ہے

دَم خم بھی دوڑنے کا نہیں آپ میں جناب
اور آندھیوں کے ساتھ بھی چلنے کا شوق ہے

ڈروں کی، دہشتوں کی یہ صدی حصے میں آئی ہے
میں جینا چاہتا ہوں خودکشی حصے میں آئی ہے

چھلک کر آنکھ سے نم کر گئی ہے میرے دامن کو
کبھی جو اتفاقاً بھی خوشی حصے میں آئی ہے

ہمارے کب ہیں جگمگ کوچہ و بازار اُس کے ہیں
یہاں تو غم کی اک اندھی گلی حصے میں آئی ہے

لکھا تھا دھوپ سے میرا مقدّر لکھنے والے نے
تری قربت سے تھوڑی چاندنی حصے میں آئی ہے

اجازت ہے ہمیں ہنسنے کی لیکن ہنس نہیں سکتے
جو ہونٹوں کو جلادے وہ ہنسی حصے میں آئی ہے

ندی، دریا، سمندر، مسترد یوں کردیئے ہم نے
لہو سے بجھنے والی تشنگی حصے میں آئی ہے

ہم کو دے گا پناہ کیا جنگل
جب درندوں سے ہے بھرا جنگل

زیرِپا سانپ جیسی پگڈنڈی
آس پاس ایک خوف کا جنگل

سانس لینے تو دو ہواؤں کو
جاگ جائے گا اونگھتا جنگل

شیر ، چیتے ، نہ لومڑی ، نہ ہرن
آبسا مجھ میں کونسا جنگل

تیرے سر پر ہے دھوپ کی تلوار
آنکھ تو کھول ! کٹ چکا جنگل

کل پڑھیں گے کتاب میں بچے
ایک تھا شیر ، ایک تھا جنگل

یہ انتشار ہے موقع فضا بنانے کا
یہاں دکھاؤ ہنر راستا بنانے کا

بہت محال نہیں اُس کے دل میں گھر کرنا
کوئی قدم تو اُٹھا سلسلہ بنانے کا

چھپائے پھرتا ہے اب آئینے سے چہرے کو
اُسے تھا شوق بہت آئینہ بنانے کا

یہ سب خدائی کے طالب ہمارے ہیں محتاج
ہمارے ہاتھ میں بَل ہے خدا بنانے کا

بس اک نفاق مزاجی کا عیب ہے ورنہ
تجھے شعور تو ہے قافلہ بنانے کا

تمہارے بخشے ہوئے زخم پھول ہیں ہم کو
ارادہ رکھتے ہیں ہم گل کدہ بنانے کا

اِسی کو کہتے ہیں تمئیز نیک و بد کرنا
کسی سے پہلے خود اپنے کو مسترد کرنا

ہماری پھیلتی شاخیں تراشنے مت آ
خدائے شہر کو زیبا نہیں حسد کرنا

زمین پاؤں جمانے کو بھی ضروری ہے
بنا سکو تو کوئی اعتبار رد کرنا

میں دستِ فکر سے دامن کو چھو سکوں تیرے
بہت نہیں مجھے اتنا دراز قد کرنا

ہمیں ہیں خواہشیں نیزہ پہ سربلندی کی
تمہارا شوق ہے بے آب و بے رسد کرنا

غصہ ٹھنڈا نہیں ہوتا تو لڑائی کر لو
پک نہ جائیں کہیں، زخموں کی صفائی کر لو

ہاں مگر بندوں کی تقدیر بدلنی ہوگی
تم کو ضد ہے تو چلو تم ہی خدائی کر لو

موسم اب آنے ہی والا ہے سمجھداری کا
اور کچھ روز یہ لاشوں کی کمائی کر لو

شوق یاروں کو بہت ہے کہ کھلائیں گے گلاب
کانٹے اگ آئے ہیں اب آبلہ پائی کر لو

یوں ہوا میں تو کوئی پیڑ نہیں پھل سکتا
سبز ہونا ہے تو مٹی میں رسائی کر لو

بے رحم حادثات کے سامان ہیں بہت
رستے ہمارے شہر کے گنجان ہیں بہت

خطرہ وہ گاڑیاں ہیں جو آتی ہیں پشت سے
آگے سے تو بچاؤ کے امکان ہیں بہت

اک دوسرے کو کاٹتی پگڈنڈیوں سے مل
دنیا میں بے وفائی کے عنوان ہیں بہت

اک بوسہ ماہتاب کے ہونٹوں کا چاہیئے
سینے میں لہر لہر کے طوفان ہیں بہت

اک جسم کی گلی ہے اُسی میں پڑے رہو
دل میں ہمارے پہلے ہی مہمان ہیں بہت

ان کو بھی لگ گئی کسی موسم کی بددعا
جو راستے گلاب تھے ویران ہیں بہت

بڑا چالاک ہے اظہار کا ادراک رکھتا ہے
لباسِ مدّعا وہ سامنے سے چاک رکھتا ہے

یہ کیا کم ہے ترے دستِ ہوس نے کچھ تو چھوڑا ہے
تواضع کے لیے میری خس و خاشاک رکھتا ہے

یہی تو آدمی ہونے کی اک زندہ نشانی ہے
اگر تو دل نہیں رکھتا تو پھر کیا خاک رکھتا ہے

اِنھیں خوش فہمیوں میں کٹ رہی ہے زندگی اپنی
ہمارا نام خالی ڈھول ہے پر دھاک رکھتا ہے

کفِ افسوس پھر ملتا ہے قسمت کا لکھا کہہ کر
وہ تیرانداز پہلے سے کسی کو تاک رکھتا ہے

اس سے بہتر نہیں کچھ درد کا حل شام کے بعد
رات بھر پڑھتا ہوں تسبیحِ غزل شام کے بعد

آنسوؤں پر مرے رونے کی نہ تہمت دھریے
تازہ کرتے ہیں یہ آنکھوں کے کنول شام کے بعد

وہ ڈھلے بالوں سا کُھل جاتا ہے ریشم ریشم
اُس کے اُلجھاؤ بھی ہوتے ہیں سرل شام کے بعد

دن تو دنیا کے خرابے میں گزار آیا ہوں
اب ترے نام ہیں جتنے بھی ہیں پل شام کے بعد

ایک اک جام تو ٹکرالیں سفر سے پہلے
بار کی میز پہ مل جانا اجل شام کے بعد

کوئی موجود ہو تنہائی کو منظور نہیں
میری پرچھائیں مرے ساتھ نہ چل شام کے بعد

یقین کرلو کہ ہوش و حواس جانے لگے
سراب دیکھ کے جب اعتبار آنے لگے

وہ اپنے ہاتھ میں نشتر لیئے نہ تھا پھر بھی
چھوا جو اُس نے تو سب گھاؤ مسکرانے لگے

عجیب کایا پلٹ ہو گئی تعجب ہے
کہ اب چراغ ہواؤں کو آزمانے لگے

بس اک نگاہ پڑی تھی کسی کے چہرے پر
تمام بھولے ہوئے شعر یاد آنے لگے

حسابِ زخم جو باقی ہے اُس کا کیا ہوگا
حضور ایک ہی چٹکی میں تلملانے لگے

وہ جن کے چہروں کے پیچھے بھی ہیں کئی چہرے
مذاق دیکھئے وہ آئینے بتانے لگے

نازشِ وقت تھا جو کچھ وہ سبھی خاک میں ہے
دفن تہذیب کی ایک ایک صدی خاک میں ہے

دل سے بارش کا علاقہ نہیں لگتا کوئی
میرے آنسو ہیں یہ جتنی بھی نمی خاک میں ہے

سر نکالے کوئی اُنکر تو کچھ احوال کُھلے
تیرا بویا ہوا وہ بیج ابھی خاک میں ہے

حالِ دل پوچھتے ہو ترکِ سکونت کرکے
اب تو اس گھر کی ہراک چیز اَٹی خاک میں ہے

سوکھے پتّوں کو بھی سینے سے لگالیتی ہے
ماں کے جیسی یہ صفت کتنی بڑی خاک میں ہے

انگلیاں کوزہ گروں کی بھی جلاڈالی ہیں
دیکھئے اب کے یہ تاثیر نئی خاک میں ہے

شکنتلا کے آہو جیسا لگتا ہے
وہ تو بالکل جادو جیسا لگتا ہے

جب بھی وہ محسوس کسی کو ہوتا ہے
مہکا مہکا ، خوشبو جیسا لگتا ہے

یاد آئی تو رب ہی جانے کیا ہوگا
یوں تو دل پر قابو جیسا لگتا ہے

آج ہوا نے اک اک پتّہ توڑ لیا
پیڑ برہنہ سادھو جیسا لگتا ہے

رات ہماری آنکھ سے شاید ٹپکا تھا
صبح کا تارا ، آنسو جیسا لگتا ہے

لمحہ لمحہ ہاتھ سے پھسلا جائے ہے
وقت بھی مجھ کو بالو جیسا لگتا ہے

ٹوٹے سارے طلسم جا افسوس کی ہے
باطن باطن ایک صدا افسوس کی ہے

رہ کر تیرے شہر میں ہم نے کیا پایا
پیکر غم کا اور قبا افسوس کی ہے

دم سادھے ہیں پنکھ پکھیرو! جنگل چپ
پیڑوں پیڑوں صرف ہوا افسوس کی ہے

ہنس لینا تو اپنی جرأت ہے ورنہ
جس بستی میں جاؤ فضا افسوس کی ہے

سورج شام کا ماں جایا سا لگتا ہے
یہ پیلی سی دھوپ ضیاء افسوس کی ہے

سبزے سے سب دشت بھرے ہیں، تال بھرے ہیں پانی سے
میرے اندر خالی پن ہے ، کس کی بے ایمانی سے

اپنے گھر کی چھت بھی کھلی ہے، دیواروں میں در ہیں بہت
بارش ، دھوپ ، ہوا جو چاہے آجائے آسانی سے

سچّائی ہمدردی یارو ! یوں ہم میں سے چلی گئی
جیسے خود کردار خفا ہو جائیں کسی کہانی سے

چہرے پر جو کچھ بھی لکھا ہے، وہ سب ایک حقیقت ہے
آئینہ کیا دیکھ رہے ہو؟ تم اتنی حیرانی سے

تقریریں دیتی ہیں دلاسے یا نفرت پھیلاتی ہیں
قومیں اور تاریخیں لیکن بنتی ہیں قربانی سے

خون کے رشتے خون میں ڈوبے ایک زمیں کے ٹکڑے پر
صدیوں کا اپنا پن بھولے ہم کتنی آسانی سے

زندگی اب ترے احسان اٹھائے نہ بنے
جان پر قرض ہے ایسا کہ چکائے نہ بنے

ہم کو یہ شرم کہ احوال نہ جانے کوئی
اور قبا اتنی دریدہ کہ چھپائے نہ بنے

دوست ، دشمن میں یہ تمیز نہیں کرسکتی
آگ ایسی نہ لگانا کہ بجھائے نہ بنے

اُف ! یہ اندوہِ زمانہ کہ جو کہنا چاہوں
تُم سے سُنتے نہ بنے ، مجھ سے سُنائے نہ بنے

حادثے گزرے ہیں ، اظہار و بیاں سے باہر
کوئی تصویر بناؤں تو بنائے نہ بنے

لاکھ چاہا غمِ دنیا میں بُھلادوں اُس کو
کوچہ دل میں مگر خاک اُڑائے نہ بنے

ہوتی ہے کیا نرم سی آہٹ، من میں اُس کے پھیرے کی
جیسے پاؤں دھرے آنگن میں ٹھنڈی دھوپ سویرے کی

بکھرے بالوں کے خیمے پر، چہرے کا وہ مست الاؤ
جیسے طلسمی رات ہو کوئی خانہ بدوش کے ڈیرے پر

رنج کئی دن تڑپاتا ہے جنت کے کھو جانے کا
یاد کبھی جب آجاتی ہے اُن باہوں کے گھیرے کی

شام کو پنچھی گھر لوٹے تو گھر کی جگہ اک زخم ملا
نم آنکھوں سے تکتے رہ گئے ٹوٹی شاخ بسیرے کی

بھولے پن کے سارے کپڑے شہر نے تن سے نوچ لیئے
گاؤں کی اُجلی چاند سی لڑکی تتلی بنی اندھیرے کی

سانحوں سے ہے سوا ، سانحہ ہونے والا
خوف کے شہر میں کوئی نہیں سونے والا

آج بھی گزرے گی کل جیسی قیامت اُس پر
ہاتھ بچّے کا جھٹک دے گا کھلونے والا

برگِ الفاظ پہ ہے اوس مری آنکھوں کی
ہے کوئی سبزۂ احساس بھگونے والا

میں نہیں تھا ، مرا بچپن تھا ، فرشتوں جیسا
نیکیاں کر کے وہ دریا میں ڈبونے والا

اک ترے دستِ حنائی کے سوا اور نہیں
فصلِ امکاں مرے احساس میں بونے والا

سوگیا جاکے وہ مٹی کے اندھیرے گھر میں
پھول میرے لیئے خوابوں کے پرونے والا[1]

(۱) والدہ محترمہ کی موت پر

خبر تبدیلئ آب و ہوا سے پوچھتے رہیے
سخن کا راستہ خلقِ خدا سے پوچھتے رہیے

ہمیں طوفانِ غم کی میزبانی سے نہیں فرصت
ہماری عافیت موجِ رواں سے پوچھتے رہیے

لہو رزقِ ہنر ہے، دل تہی دامن نہ ہو جائے
حسابِ صرف چشمِ مبتلا سے پوچھتے رہیے

فقط اپنی صدا پر مطمئن ہونا ہے یک رنگی
مزاجِ وقت ہر تازہ ہوا سے پوچھتے رہیے

گریز اس رسم سے پہلے قدم پر ہی کیا ہوتا
اب اپنا راستہ ہر نقشِ پا سے پوچھتے رہیے

یہی کارِ جنوں، رفتار بھی، شوقِ سفر بھی ہے
پتہ اُس شخص کا اک اک ادا سے پوچھتے رہیے

زمینِ قلب پہ جلتے الاؤ چھوڑ گئے
جو قافلے بھی گئے اپنے گھاؤ چھوڑ گئے

عصاؤں والے ہمارے بزرگ ورثے میں
ہمارے واسطے کاغذ کی ناؤ چھوڑ گئے

جو اپنے ہاتھ میں میزانِ عدل رکھتے تھے
وہ ایک پلڑے میں اپنا جھکاؤ چھوڑ گئے

ہر ایک چیز میں کوئی کمی سی لگتی ہے
گئے وہ گھر سے تو کیسا ابھاؤ چھوڑ گئے

ہم نے کبھی دکھوں کا تماشا نہیں کیا
آنسو تھے پھر بھی آنکھ کو دریا نہیں کیا

اک کائناتِ نور ملی تھی اُسے مگر
اُس نے کسی مکاں میں اُجالا نہیں کیا

ہم نے جدیدیت پہ تو رکھی اساسِ فن
لیکن روایتوں کو بھی رسوا نہیں کیا

ہم جانتے تھے یہ سبھی کاغذ کے پھول ہیں
لفظوں پہ اُس کے ہم نے بھروسا نہیں کیا

کپڑے کھلونے مانگ کے بچّوں نے عید پر
غربت کو اپنے باپ کی رُسوا نہیں کیا

نشۂ غم میں بُھلا دیتا ہوں سب شام کے بعد
پوچھ مت آنکھ چھلکنے کا سبب شام کے بعد

خود کو اشکوں سے بجھا لیتا ہوں دن بھر جل کر
سرد ہو جاتی ہے یہ ارضِ عرب شام کے بعد

شہر سے زہرہ جمالوں کے نظارے بھی گئے
صرف بندوقیں نظر آتی ہیں اب شام کے بعد

اِن چراغوں کی لَویں وقت کترتا ہی نہیں
زخم ہو جاتے ہیں فریاد بہ لب شام کے بعد

راس آجاتے ہیں جسموں کے خرابے شب کو
یاد رہتا ہے کسے نام و نسب شام کے بعد

احتساب ایسے خداوند مرے دل سے نہ لے
نوچنے لگتی ہے ایک ایک طلب شام کے بعد

مرے آنسو سے ڈر لگنے لگا ہے
اُسے جگنو شرر لگنے لگا ہے

غموں کا اب کوئی موسم نہیں ہے
یہ میلہ سال بھر لگنے لگا ہے

ذرا ترغیبِ نقشِ پا سے بچنا
قدم پھر راہ پر لگنے لگا ہے

فراتِ جاں لہو کی سرخیوں سے
شہادت کی خبر لگنے لگا ہے

مشینیں فاصلے طے کرچکی ہیں
سڑک چلنا سفر لگنے لگا ہے

لکیریں امن کے چہرے کی توبہ
بڑھاپا کس قدر لگنے لگا ہے

ہم سلیقہ کہاں بھلاتے ہیں
زخم بھی قاعدے سے کھاتے ہیں

بلڈنگیں اُگ رہی ہیں چاروں طرف
گم شدہ پیڑ یاد آتے ہیں

یہ تو باطن میں جھانکتے ہی نہیں
آئینے آدھا سچ دکھاتے ہیں

اس ہوا میں کہاں کے قول و قسم
یہ تو پتّے ہیں ٹوٹ جاتے ہیں

کوئی بھی سانحہ گزر جائے
آپ اُسے حادثہ بتاتے ہیں

حیرتیں لوٹ کر نہیں آتیں
لوگ کیا کیا ہنر دکھاتے ہیں

اے ہم سفر! یہ راہبری کا گمان چھوڑ
کس نے کہا ہے تجھ سے قدم کے نشان چھوڑ

پھر دیکھ زندگی کے مزے تجربوں کے رنگ
باہر قدم نکال ذرا سائبان چھوڑ

اب دوستی نہیں! نہ سہی، دشمنی سہی
کوئی تو رابطے کی کڑی درمیان چھوڑ

تلوار کی زبان سمجھنے لگے ہیں لوگ
اب یہ مہاتماؤں سا اپنا بیان چھوڑ

ہمدرد تیرے فرقہ پرستی! چلے گئے
تو بھی یہاں سے جا مرا ہندوستان چھوڑ

باقی جو بچ گئے ہیں وہ سرکس کے شیر ہیں
مُردہ ہُوا یہ دشت شکاری مچان چھوڑ

مٹّی نے زرخیزی کو نم ہوکر جانا
یہ آنسو نایاب ہیں کتنے روکر جانا

عمر ابھی تک اوس میں بھیگ کے کاٹی ہے
آنا تو اے دھوپ ! اِدھر سے ہوکر جانا

پچھلوں نے بویا تھا سبزہ تم نے پایا
تم بھی اپنی کوئی روایت بوکر جانا

تجھ کو ہی سوچوں میں تیرے آنے تک
پچھتاؤں میں دل کو خوب ڈبوکر جانا

خالی پن دوزخ سے بڑھ کر دوزخ ہے
یہ سچ ہم نے ، اپنے آپ کو کھوکر جانا

سبھی نے اوڑھ لی تہذیب تیغ و خنجر کی
سنبھالے کون وراثت یہ ڈھائی اکھشر کی

اکیلے عیش کی چاہت نے گھر کیئے ویراں
بزرگ چہروں کے دم سے تھیں رونقیں گھر کی

مذاق یہ ہے لہو بوند بھر دیا اُس نے
کشادگی تو مرے دل میں تھی سمندر کی

جہاں سے کھُلنے تھے عالم پناہ آپ کے بھید
وہیں سے آپ نے حدِ ادب مقرر کی

لہو بھی خوب بہا ، گھُٹ چکیں بہت سانسیں
اب اور ہم پہ عنایت نہ ہو دسمبر کی

شاہزادوں کے لیئے راہِ سفر کھولے گی
پھر تری چاہ طلسمات کے در کھولے گی

اپنا یہ عہد کثافت سے بھرا ہے اتنا
اب تو خوشبو بھی بہت سوچ کے پر کھولے گی

تم بھی محفوظ نہیں بند کواڑوں سے کہو
جب ہوا آئے گی تب اپنا ہنر کھولے گی

کونپلوں سے کوئی اندازہ لگانا ہے فضول
اپنے پتّے تو ابھی شاخِ شجر کھولے گی

یاد آئے گی تو آموختہ پڑھنے کے لیئے
ایک اک کرکے مرے زخمِ جگر کھولے گی

اُس نگاہِ غلط انداز کو اُٹھنے دیجے
ایک سُرخی کئی پہلو سے خبر کھولے گی

آگ بھی دیکھی ، دھواں بھی دیکھا
دل کے بجھنے کا سماں بھی دیکھا

آسماں تیرے نگر میں بھی کھلا
جو یہاں دیکھا ، وہاں بھی دیکھا

بے وفا دونوں ، حسیں بھی دونوں
تجھ کو بھی دیکھا ، جہاں بھی دیکھا

دیکھا جاتا نہ تھا ، ہم سے لیکن
قتلِ تہذیب و زباں بھی دیکھا

آسمانوں کی بلندی بھی ملی
خود کو بے نام و نشاں بھی دیکھا

خدائے شب کی اطاعت قبول کرلی ہے
امامِ صبح نے ذلّت قبول کرلی ہے

ہم اُس سے ہاتھ ملاتے تو خود کو کھودیتے
اسی لیئے تو عداوت قبول کرلی ہے

ترے کرم کا نتیجہ بھی ہم کو ہے معلوم
ابھی سے زخموں کی دعوت قبول کرلی ہے

یہ سوچ کر ، کہ ابابیلیں آئیں گی پھر سے
بہادروں نے ہزیمت قبول کرلی ہے

جو سر اُٹھاتے تو خطرہ تھا سر اُترنے کا
سروں نے جھک کے ندامت قبول کرلی ہے

اندھیرے بانٹ رہے ہیں یہاں سحر والے
چراغِ گریہ جلائیں گے اب نگر والے

میں اپنے آپ کو ثابت کروں کہاں جاکر
مرے وجود سے منکر ہیں میرے گھر والے

یہ انتشار کا سیلاب ہے جو سڑکوں پر
ضرور چوک گئے ہیں کہیں نظر والے

سبھی شعورِ اطاعت کے پاسدار ہوئے
زبان والے ہی باقی رہے نہ سر والے

دکھائی دیتی ہے پہیوں پہ دوڑتی دنیا
کسی کے پاس نہیں پاؤں اب سفر والے

فریب پھوٹ کے تخمِ یقیں سے نکلے ہیں
تمام سانپ اُسی آستیں سے نکلے ہیں

ہوا سمجھتی ہے طوفاں نے سر اُٹھایا ہے
ذرا ذرا جو ابھی ہم زمیں سے نکلے ہیں

نُمو نصیب ہے اب خاکِ رایگاں اُن سے
لہو لہان جو سجدے جبیں سے نکلے ہیں

ہمارا دل ہی محرک ہے زندگانی کا
یہ رنج و رنگ کے قصے یہیں سے نکلے ہیں

یہ آئینہ تو نہ تھا لغزشوں کا آئینہ
یہ داغ سب نِگہہِ نکتہ چیں سے نکلے ہیں

یہ کجروی کی روایت بدل نہیں سکتی
اِسی خطا پہ تو خلدِ بریں سے نکلے ہیں

نقش اک اک غم ہمارے دل کی دیواروں پہ ہے
زیست ہر پہلو ہزاروں سُرخ انگاروں پہ ہے

گونجتی ہے صرف زخمی پھڑ پھڑاہٹ کی صدا
اب سفر سانسوں کا جیسے ننگی تلواروں پہ ہے

اوس کے بھیگے ہوئے لب کیا کہانی کہہ گئے
نم سی کیفیت زمیں کے سبز رخساروں پہ ہے

سب تغیّر چاہتے ہیں بے عمل ، بے دست و پا
اعتبار اِن کو ابھی تک شعبدہ کاروں پہ ہے

اُس کو بھی میرے دکھوں کی آگہی کا زُعم ہے
علم جس کا منحصر دوچار اخباروں پہ ہے

میں بھی بے آواز سانسوں کا جزیرہ بن گیا
ایک سنّاٹا سا جان و دل کے بازاروں پہ ہے

اَبھاگے پیڑ کو دھوپوں جھلتے جانا ہے
اور اپنی چھاؤں سے قرضِ وفا چکانا ہے

ہم آدمی ہیں تو سب لذتیں ہماری ہیں
فرشتہ بننے کا مفہوم سب گنوانا ہے

اُتر رہی ہیں دلوں میں سیاہیاں کیسی
مجھے تو ان سے نئے آئینے بنانا ہے

حقیقتیں ہوں گرہ میں تو ہم سے بات کرو
بشارتوں کی ادا تو پیمبرانہ ہے

جو یہ سمجھ سکے میدان اُن کے ہاتھ رہا
کہ ہر شکست غلطیوں کا تازیانہ ہے

گھریلو عورتوں جیسا ہے شہر بھر کا مزاج
ہر ایک ظلم پہ رونا ہے سر جھکانا ہے

ذرا سا حدِّ ادب سے گزر کے دیکھتے ہیں
قریب آ تجھے باہوں میں بھر کے دیکھتے ہیں

گماں گزرتا ہے ان پر گلاب ہونے کا
ہمارے زخموں کو ناقد ٹھہر کے دیکھتے ہیں

ہمارا دھوپ میں چلنا انھیں لبھاتا ہے
کہ ہم کو پیار سے سائے شجر کے دیکھتے ہیں

شرر ستارہ و جگنو تو کر کے دیکھتے ہیں بہت
اب آنسوؤ تمھیں تیزاب کر کے دیکھتے ہیں

بہت دنوں سے یہ دو بستیاں ہیں بے موسم
ذرا گھٹاؤں کو آنکھوں میں بھر کے دیکھتے ہیں

کوئی شرر تو نہیں رہ گیا کہیں باقی
لویں چراغوں کی ظالم کتر کے دیکھتے ہیں

گئی گھروں سے اطاعت شعاریوں کی فضا
ہم اپنے بچّوں کی جانب بھی ڈر کے دیکھتے ہیں

گر ہوا کا خوف دل میں لاؤ گے
زرد پتوں کی طرح گر جاؤ گے

آنسوؤں کو یوں ہی مت ضائع کرو
بارشیں پی لو ہرے ہو جاؤ گے

اِس طرح انگلی پکڑ کر مت چلو
راستے میں تم کہیں کھو جاؤ گے

ماں کی ممتا ہے ہمیشہ ایک سی
جب ملوگے اپنا بچپن پاؤ گے

تجربے خود ہی سکھا دیں گے ، ظفؔر
تم بھلا دنیا کو کیا سمجھاؤ گے

یارانِ شہر عظمتِ کردار تو گئی
اب کیا کریں گے آپ یہ دیوار تو گئی

سچ بولنے کا حوصلہ ہم میں نہیں رہا
یعنی ہمارے ہاتھ سے تلوار تو گئی

مہنگائیوں نے روشنیاں سب نچوڑ لیں
اب کیا رکھا ہے رونقِ بازار تو گئی

بھر ڈالا سارے شہر کو گرد و غبار سے
دیوانے پنچھیوں سے ہوا بار تو گئی

※

تبدیلیِ موسم تو کہانی ہی رہی ہے
ہر ییگ میں قبا اپنی پُرانی ہی رہی ہے

لفظوں کو عمل میں کبھی آتے نہیں دیکھا
ہمدردی اُنھیں ہم سے زبانی ہی رہی ہے

تمہاری یادوں کو سرسبز کرنا چاہتے ہیں
ہم آنسوؤں کی ندی میں اُتر نا چاہتے ہیں

عجب نظام ہے اس وقت کے سمندر کا
ڈبو رہا ہے اُنھیں جو اُبھرنا چاہتے ہیں

اُبھر رہے ہیں جو کاغذ پہ زخم رہ رہ کر
گئے زمانوں کو تصویر کرنا چاہتے ہیں

☆

ننھی چڑیوں کو بھی آزار بنا دیتا ہے
جس کو چاہے وہ مددگار بنا دیتا ہے

میں جو چھوتا ہوں تو شاخوں کو ہرا کرتا ہوں
ناسمجھ ! شاخوں کو تلوار بنا دیتا ہے

جس کی تقریر اُٹھا دیتی ہے طوفاں دل میں
یہ قبیلہ اُسے سردار بنا دیتا ہے

نئے غم خلق کرتا ہوں، نئے صدمات لکھتا ہوں
غزل کے نام پر میں درد کی آیات لکھتا ہوں

تم اپنی ساری چالیں چل کے بازی سامنے لاؤ
میں ناممکن بساطوں کی جبیں پر مات لکھتا ہوں

دھڑکنا دل کا تم کاغذ پہ بھی محسوس کرلو گے
میں لفظوں میں سمو کر دھڑکنیں، جذبات لکھتا ہوں

مجھے ظلِ الٰہی رعب دکھلائیں نہ مسند کا
اجازت دیں تو پھر میں آپ کی اوقات لکھتا ہوں

٭

خوشی میں رونقِ دیوار و در کچھ اور ہوتی ہے
سحر کہتے ہیں جس کو وہ سحر کچھ اور ہوتی ہے

کہانی دھوپ کی سائے میں رہ کر سوچنے والو
گزرتی ہے جو سر سے دوپہر کچھ اور ہوتی

سیاسی لوگ اپنے آپ سے بھی سچ نہیں کہتے
اِدھر کچھ اور ہوتی اُدھر کچھ اور ہوتی ہے

یہ زنجیر غم کی کڑی در کڑی ہے
ہر آنسو کسی درد کی پھلجھڑی ہے

قطاریں تو چوروں کے پیچھے لگی ہیں
اور ایمانداری اکیلی کھڑی ہے

وہ سفّاک قاتل ہے سب جانتے ہیں
مگر گفتگو کیسی ہیروں جڑی ہے

نہیں پوچھتا کوئی دل جیسی شے کو
تجھے جانِ من آئینے کی پڑی ہے

ہمارے لیئے تنگ ہے پہلے دن سے
خدا کی زمیں ویسے کتنی بڑی ہے

ہراک رُت میں خواہش کا نغمہ جدا ہے
مرا جسم جیسے رُتوں کی گھڑی ہے

جھگڑیں ، پھر مل جائیں ، ایسی آسانی مل جائے
کاش بڑوں کو بچوں جیسی نادانی مل جائے

رشتوں کی اُکھڑی سانسوں پر آؤ مل کر روئیں
شاید ان مرتے پودوں کو کچھ پانی مل جائے

اک اک چہرہ جھانک رہی ہے اس حسرت میں میری تلاش
آئینہ بن جاؤں ایسی حیرانی مل جائے

ہم زخموں کے منظر نامے پڑھتے، پڑھتے اوب سے
تھوڑا سا ماحول کہیں تو رومانی مل جائے

اور نہیں کچھ چاہیے مجھ کو یارب تیری رحمت سے
میرے سخن کو صرف دلوں کی سلطانی مل جائے

انجانی آہٹ پہ اچانک دل یوں زور سے دھڑکا ہے
جیسے کسی خاموش ندی کو طغیانی مل جائے

ظالم ہمارے بچوں کی روٹی گھٹا گیا
پھر سے مکاندار کرایہ بڑھا گیا

مسجد گرادی ، اور حویلی بھی ڈھا گیا
پانی کبوتروں کو مہاجر بنا گیا

سچّائی ڈھونڈتا ہوا آیا تھا میرے پاس
سچ دیکھتے ہی آئینہ سکتے میں آ گیا

طوفان اب کی بار کچھ اتنا شدید تھا
ہر شخص کے حواس کا خیمہ اُڑا گیا

دیہاتیوں کو شہر نے عیّار کردیا
معصومیت کی بھیڑ کو یہ شیر کھا گیا

میں جس سے زخم کھاؤں مسیحا اُسے کہوں
کتنا عجیب کام مرے ذمّے آگیا

بس کے سفر میں اجنبی قربت غضب کی تھی
میں گرم خوشبوؤں میں سراپا نہا گیا

تمھاری قربتیں ہوں گی بڑی قیامت کی
کہ جب خیال سے دھڑکے ہے نبض ساعت کی

پہنچ گئے مری پلکوں سے اُس کی پلکوں پر
یہ جگنوؤں نے بھی کیسی عجب شرارت کی

تم آنسوؤں سے بجھانے کا مضحکہ نہ کرو
لگی ہے آگ یہاں آنسوؤں کے قامت کی

عجیب شخص ہے کھلتا نہیں کسی پہلو
ہم اُس میں ڈھونڈ رہے ہیں ادا اجازت کی

ہمارے دور میں مشکل ہے عاشقی کرنا
وہ سب کہانیاں لکھی ہوئی ہیں فرصت کی

سفر کے بعد سفر، پھر سفر کے بعد سفر
کہ انتہا ہی نہیں ہے کہیں مسافت کی

جو لوگ کر گئے تعمیر کتنی تہذیبیں!
بدل سکے نہ وہ تقدیر اپنی ہی چھت کی

بچپن کی ظالمانہ شرارت نہیں گئی
پتھر سے پھل گرانے کی عادت نہیں گئی

دشمن تھا نیک گالیاں دیں زیرِ لب مجھے
صد شکر چار لوگوں میں عزت نہیں گئی

اُس نے لیا ضمیر سے کتنا مُفید کام
چہرے سے آب گھر سے فراغت نہیں گئی

اب بھی سلگنے لگتا ہے ظلموں کو دیکھ کر
میرے لہو سے میری روایت نہیں گئی

اُن کے لیئے فساد بھی ہے سَنسَنی کی چیز
جن کے گھروں تلک یہ قیامت نہیں گئی

سرسبز پیڑ آپ نے سب زرد کردیئے
اور اب بھی خون پینے کی حسرت نہیں گئی

آنسوؤں سے جگنوؤں کا سلسلہ روشن ہوا
ایک اک غم آئینہ در آئینہ روشن ہوا

آیتوں کی مشعلیں اندھے سفر میں جل اُٹھیں
یوں اچانک ایک دن ہم پر خدا روشن ہوا

شمعِ اطمینان دل میں نور پھیلانے لگی
شاید اُس کے سامنے حرفِ دعا روشن ہوا

شہر میں پرچھائیوں کے آئینے ڈھالا کیئے
کتنی مشکل سے ہمارا تجربہ روشن ہوا

سب کو پھولوں سے بھرے رستوں کے پروانے ملے
اپنے آگے مقتلوں کا راستہ روشن ہوا

ملکیت ٹھہرے اُسی کی سب ستارے، سب چراغ
آنسوؤں سے طاقِ مفلس میں دیا روشن ہوا

دمِ اتحاد کا بھرنا پڑے گا مجھ کو ہی
اقلیت میں ہوں ڈرنا پڑے گا مجھ کو ہی

قصوروار ہیں عالم پناہ تو ہوں گے
مگر سزا سے گزرنا پڑے گا مجھ کو ہی

خدا نے یہ مری فریاد کا جواب دیا
اب آسماں سے اُترنا پڑے گا مجھ کو ہی

تمھاری چارہ گری کے بھروسے کب ہوں میں
یہ میرا زخم ہے بھرنا پڑے گا مجھ کو ہی

وفائیں کر کے ثبوتِ وفا بھی دوں اُس کو
یہ اہتمام بھی کرنا پڑے گا مجھ کو ہی

لکھا ہے بابِ شہادت مرے لئے اُس نے
درِ یزید پہ مرنا پڑے گا مجھ کو ہی

زخم خوردہ جسم کو دہری اذیت کون دے
خواہشوں کو سرخیاں لکھنے کی دعوت کون دے

چاک پر مٹی پڑی ہے دستِ فن مفلوج ہے
اب ہمارے شہر میں خوابوں کو قامت کون دے

چل رہی ہیں آندھیاں چاروں طرف بکھراؤ ہے
منتشر اذہان کو ادراکِ وحدت کون دے

پاس ہوتے پھول تو اُن کے لیئے رکھتے ضرور
آنے والوں کو دکھوں کی یہ وراثت کون دے

نیند کی ٹہنی پہ کِھل جائیں ابھی خوابوں کے پھول
جاگتی آنکھوں کو لیکن اتنی فرصت کون دے

پھر گفتگو میں درد کا پہلو نکل نہ آئے
چپ ہوں کہ اُس کی آنکھ سے آنسو نکل نہ آئے

شائستگی بھی لازمی جز ہے لڑائی کا
تکرار ایسے کیجئے چاقو نکل نہ آئے

رستے پہ میرے رات بچھاکر بھی وہ یزید
ڈرتا ہے میری جیب سے جگنو نکل نہ آئے

تلواریں سونتے اب بھی کھڑی ہے سیاہِ شام
بازو کٹے پرند کا بازو نکل نہ آئے

بیٹے! میں اپنی لاش کو دیوار کر چلوں
اس اندھے راستے پہ کہیں تُو نکل نہ آئے

میداں میں آئیں گے نہ سیاسی مجاہدین
جب تک کوئی بچاؤ کا پہلو نکل نہ آئے

کیا یہ صورت اپنے ہی کرموں کا خمیازہ نہیں
کھنچ گئی دیوار ایسی جس میں دروازہ نہیں

دھیرے دھیرے مر رہے ہیں سب قضا کے زہر سے
برگ بھی کچھ کم ہرا ہے، پھول بھی تازہ نہیں

برق پا اس عہد میں کہتے ہیں آہستہ چلو
ان بزرگوں کو نئی دنیا کا اندازہ نہیں

محترم بھی ، محترم سمجھیں نہ اپنے آپ کو
کس کی پگڑی ہے سلامت ، کس پہ آوازہ نہیں

*

آدرش اپنے ملک کے پتھر میں ڈھل گئے
سارے عظیم لوگ بتوں میں بدل گئے

گھر جل گئے تو کیا ہے بنالیں گے اور گھر
لیکن یہ دکھ بڑا ہے کہ رشتے بھی جل گئے

الفاظ کی تہذیب کے طالب نہیں ملتے
کیا بات کریں ہم کہ مخاطب نہیں ملتے

کیا دودھ نے ماؤں کے توانائی ہی کھو دی
سچ مچ کے سپاہی کسی جانب نہیں ملتے

دیکھیں تو تجھے دیکھتی رہ جاتی ہیں آنکھیں
سب جسم تو اتنے متناسب نہیں ملتے

کشتی بھی ، مسافر بھی ہیں ساحل کے طلبگار
کیا کیجئے موسم ہی مناسب نہیں ملتے

ہم ہوتے نہ قائل جو گریزاں نظری کے
یہ دکھ نہیں ملتے ، یہ مصائب نہیں ملتے

عاری ہوئے معنی سے مرے شہر کے چہرے
اب راہ میں وہ جانِ مطالب نہیں ملتے

ہر لمحہ ٹوٹنے کا ہمیں احتمال ہے
جیسے یہ زندگی کسی جامن کی ڈال ہے

ہلچل دل و دماغ میں ، رگ رگ میں سنسنی
جذبوں سے کھیلتا ہے ، یہ کس کا خیال ہے

سب آسمانِ عصر زمیں بوس ہوگئے
اب کے بلندیوں پہ بلا کا زوال ہے

چمکے گا ماہتابِ ملاقات اُس کے گھر
یوں آسماں کا چہرہ شفق سے گلال ہے

میری مدافعت سے بھی تُو ہار جائے گا
مت کر غرورِ تیغ ، مرے پاس ڈھال ہے

تم کیا گئے کہ دن مرے افسوس میں ہیں گم
ہر شام کے بدن پہ لباسِ ملال ہے

یہ کس کو ڈھونڈتا ہے رات بھر اور ڈوب جاتا ہے
یہ کس کے نام پورے چاند کا مکتوب جاتا ہے

کبھی تکرار کے موسم میں بھی ہم سے ملو جاناں
ہمیشہ پیار کرنے سے بھی کچھ دل اُوب جاتا ہے

میں کیسے مان لوں اس دور میں قیمت نہیں دل کی
اسی رستے سے اب بھی وہ حسیں محبوب جاتا ہے

مجھے دن بھر سفر کے بعد بھی اب گھر نہیں ملتا
اندھیروں کے سمندر میں مرا گھر ڈوب جاتا ہے

محبت لے کے اس دنیا سے بالکل اس طرح گزرو
کہ جیسے بے خبر سب سے کوئی مجذوب جاتا ہے

امیرِ شہر اسی بات سے خفا ہے بہت
کہ شہر بھر میں سگِ درد چیختا ہے بہت

ہر ایک زخم سے ، زخموں کی کونپلیں پھوٹیں
جو باغ تم نے لگایا تھا اب ہرا ہے بہت

ذرا سی نرم روی سے پہنچ گئے دل تک
تناؤ تھا تو سمجھتے تھے فاصلا ہے بہت

میں کیسے چھوڑدوں سچ بولنے پہ ہوں مجبور
کہ میری خاک میں یہ کیمیا ملا ہے بہت

چراغ لاکھ ہوں روشن نظر نہیں آتے
یہاں تو چہرہ پرستی کا سلسلہ ہے بہت

جو دم گھٹے تو شکایت نہ کیجئے صاحب
کہ سانس لینے کو زہروں بھری ہوا ہے بہت

یہ مہذب شہر بھی تہذیب سے خالی ہوا
ہائے ہر چہرہ یہاں بازار کی گالی ہوا

کل تلک جشنِ بہاراں دیکھتے آئے تھے ہم
آج اپنے سامنے ہی جشنِ پامالی ہوا

کس قدر وہ دھیان رکھتا ہے ہماری پیاس کا
آنسوؤں سے بھر دیا پیالہ جہاں خالی ہوا

رَب محافظ آپ کا باشندگانِ سلطنت
لوٹنے والا یہاں کے تخت کا والی ہوا

اُس کے چہرے پر نظر آنے لگے دنیا کو داغ
ذرۂ کمتر کوئی قسمت سے جو عالی ہوا

مطمئن تھے ہم! وہ جب تک سامنے آیا نہ تھا
اُس کو دیکھا تو ہمیں احساسِ بدحالی ہوا

فریبِ لفظ کی اک اک نقاب جلنے لگی
میں پڑھ رہا تھا کہ دل کی کتاب جلنے لگی

پھر ایک یاد کا شعلہ دہک اُٹھا دل میں
پھر اِس مکان میں شمعِ عذاب جلنے لگی

خدائے شہر گنہگار کیسے ٹھہراتا؟
لیا تھا نام کہ فردِ حساب جلنے لگی

ہر ایک وار پہ میں ہنس دیا مثالِ رسول
مرے سلوک سے خنجر کی آب جلنے لگی

ہمارے کام نہ آیا مکان کاغذ کا
ذرا سی دھوپ میں تعبیرِ خواب جلنے لگی

کتنے کام پڑے ہیں بابا کرنے کو
تم بیٹھے ہو اب بھی تہمت دھرنے کو

کیسی اذیت ناک سزا دی خوابوں نے
چھوڑ گئے ہیں سُونے گھر میں مرنے کو

نیند میں اکثر چلّانے لگتا ہے مریض
کتنی رات بچی ہے اور گزرنے کو

بیدردی سے نوچ لیا ہے ظالم نے
ورنہ اک دو دن میں گھاؤ تھا بھرنے کو

اب تو جاں پر کھیل سکو تو کھیلو تم
عصا نہیں ہے دریا پار اُترنے کو

آبِ رواں بننے کی خواہش جاگ اُٹھی
جب دیکھا پتھر سے پھوٹتے جھرنے کو

شہر میں چاروں طرف دھوپ کی برسات رہی
رات کٹیا کا مقدر تھی وہاں رات رہی

حلق سے خاطرِ احباب اُترتی کیسے
بھوک دن بھر مرے بچّوں کی مرے سات رہی

راہ میں پیڑوں کے سائے تو بہت تھے لیکن
دھوپ آسیب تھی سائے کی طرح سات رہی

آج پھر آپ کا مہکا ہوا مکتوب آیا
آج پھر آپ کی خوشبو سے ملاقات رہی

سیدھے پھینکے تھے مگر پڑگئے اُلٹے پانسے
تیری جیتی ہوئی بازی بھی مرے ہات رہی

تجھ کو ہم کرتے رہے اپنے حریفوں میں شمار
دیکھ موضوعِ سخن پھر بھی تری ذات رہی

اب ہیں آنکھوں میں جگنوؤں کی طرح
کیا زمانے تھے خوشبوؤں کی طرح

رو رہے ہیں خزاں میں پیڑ سبھی
پتّے گرتے ہیں آنسوؤں کی طرح

دل سے لپٹا ہوا ہے اک احساس
پھول سے تیرے بازوؤں کی طرح

وقت ہر شے کو روند دیتا ہے
وقت اکھڑ ہے بدّوؤں کی طرح

○

ہمارا گھر وہی دشتِ ملال ہے اب بھی
اُداسیوں کا وہ موسم بحال ہے اب بھی

کرو نہ امن و سکوں کی بڑی بڑی باتیں
تمہارے شہر میں جینا محال ہے اب بھی

بچپن سے اپنے بچے بہت دور ہو گئے
یہ کھیلنے کی عمر میں مزدور ہو گئے

وہ بے وفا جو آج بہت ٹوٹ کر ملا
ہم بھی گلے لگانے پہ مجبور ہو گئے

ہم تھے کہ ہم نے سہہ لیا پتھراؤ وقت کا
وہ کچے آئینے تھے کہ جو چُور ہو گئے

بے چارے شاعروں کو کوئی پوچھتا نہیں
جتنے ڈرامہ باز تھے مشہور ہو گئے

☆

بونے نہ چلیے ، پورے ہی قامت سے آیئے
میداں میں آرہے ہیں تو جرأت سے آیئے

یہ عام راستہ نہیں ، دل ہے ہمارا دل
آنا ہے آپ کو تو اجازت سے آیئے

کیوں پناہیں مانگتے ہو سایۂ دیوار سے
دھوپ کٹ سکتی نہیں اس ریشمی تلوار سے

موم بن کر دوسرے سانچوں میں مت ڈھلیے جناب
آپ کی پہچان ہوگی ، آپ کے کردار سے

گر فسادوں نے تجھے بے گھر کیا تو غم نہ کر
آسماں نسبت نہیں رکھتا در و دیوار سے

آج کل ڈرتے ہیں ہمسایوں سے ہمسائے تمام
اور اب کتنا گرے گا آدمی معیار سے

روشنی کو بھی ہنر تیشہ گری کا آ گیا
اب اندھیرے کٹ رہے ہیں روشنی کی دھار سے

ہر موسم کا چہرہ اُس کی یاد دلاتا گزرے ہے
رنگ اُڑاتا ، نور لُٹاتا ، گُل مہکاتا گزرے ہے

انگلیاں تیری بالوں میں ہیں ، سر رکّھا ہے سینے پر
رات کا سارا وقت یہی سب خواب دکھاتا گزرے ہے

حسن خدا ہے ، عشق خدا ہے ، ہجر عبادت عاشق کی
شام سویرے اک سائل یہ گیت سناتا گزرے ہے

یارب یہ دن کیسے کاٹوں کیسے گزروں اس دکھ سے
ہر اپنے کا ہنستا چہرہ گھاؤ لگاتا گزرے ہے

سایہ، سبزہ، پیڑ، کہاں اب جیون کے اس رستے میں
آتا جاتا ہراک مسافر دھول اُڑاتا گزرے ہے

خواب کا سونا پیتل نکلا ٹوٹ گئیں سب اُمیدیں
وقت کا جھونکا کیسے کیسے دیپ بجھاتا گزرے ہے

خاک چھانی نہیں اس شہر کی تنہا ہم نے
تیری گلیوں میں فرشتوں کو بھی دیکھا ہم نے

ہم سے حالات کی دوزخ کے تقاضے تھے بہت
دھوپ کو دیدیا دیوار کا سایا ہم نے

دل لہو ہو گیا دوری سے تمہاری کیوں کر
یوں بظاہر تمہیں چاہا نہ تھا اتنا ، ہم نے

قربتوں کی ہے یہ گہرائی کہاں تک آخر
زخم پر غور کیا درد پہ سوچا ہم نے

آئینے میں کبھی دیکھا نہ تھا خود کو پہلے
آج دیکھا ہے ترے غم کا سراپا ہم نے

پھر گرم ہے کوفے میں شہادت کی خبر آج
تکلیف کی پھر شامِ غریباں نے ادھر آج

ہیں وقت کی آنکھوں میں بھی افسوس کے آنسو
تہذیب کا مقتل ہوا تہذیب کا گھر آج

دستار و قیادت کا جنوں چھوڑیئے صاحب
اتنا ہی بہت ہے کہ بچا لیجئے سر آج

کم جاتی ہے فکروں کی توانائی جڑوں تک
پھل دیتا ہے مشکل سے معانی کا شجر آج

ہر پہر کے اُسی چہرے پہ ہو جاتی ہے مرکوز
مصروف وظیفہ میں ہے تسبیحِ نظر آج

اب آگ لگانے کی ضرورت نہیں پڑتی
شہروں کو جلادیتا ہے چھوٹا سا شرر آج

تمام پیلی ہواؤں کا زہر پینا ہے
ہمیں تو اپنی خطاؤں کا زہر پینا ہے

کوئی بچاؤ کی صورت نظر نہیں آتی
سماعتوں کو صداؤں کا زہر پینا ہے

کتھائیں کس نے لکھی ہیں سوال اب یہ نہیں
مجھے تو جھوٹی کتھاؤں کا زہر پینا ہے

یہ اہتمام بھی لازم کہ خوشدلی ہو عیاں
نظر کو اُس کی اداؤں کا زہر پینا ہے

ہمارے حصّے میں امرت کبھی نہیں آیا
ہمارا کام خداؤں کا زہر پینا ہے (۱)

(۱) سمندر منتھن کے بعد دیوتاؤں کے امرت پینے اور شنکر جی کے تمام زہر پی لینے کی طرف اشارہ ہے۔

یہ دھرم راگ سیاست کے بین کے اندر
کہ جیسے سانپ کسی آستین کے اندر

ہواؤ! تم نے گرائے ہیں پیڑ اُکھڑے سے
مگر ہماری جڑیں ہیں زمین کے اندر

میں ہر یقین کے خیمے میں جھانک آیا ہوں
کہیں یقین نہیں تھا، یقین کے اندر

ہر ایک عیب کی تشریح خوب کرتا ہے
یہ نقص بیٹھا ہے اُس نکتہ چین کے اندر

ارے یہ فرقہ پرستی کسی کی میت نہیں
عزیزو! ہاتھ نہ دو اس مشین کے اندر

جو اوڑھے رہتا ہے تقدیس کی ردا گھر میں
کھلا ہوا ہے وہی میگزین کے اندر

خوشبو بھی دہکتی ہے گُل و برگ و شجر آگ
کیا باغ کی حالت ہے ، اِدھر آگ ، اُدھر آگ

اخبار جلانے لگے ، ذہنوں کے ہرے پیڑ
ہر سُرخی شرارہ ہوئی ، ہر ایک خبر آگ

اس بیچ نہ دریا ہے ، نہ پُل ہے نہ سڑک ہے
اَب بچ کے کہاں جایئے دل آگ نظر آگ

☆

سب سے اونچی کرسی والا شخص بھی آخر جھوٹا نکلا
جس میں چہرہ دیکھ رہے تھے وہ شیشہ بھی ٹوٹا نکلا

ذہنوں کے تپتے بنجر کو خوابوں کی ہریالی دی
اپنے لہو کا بیج پڑا تو اِس ماٹی سے بُوٹا نکلا

دیکھا تو انصاف کا دریا آگے ریگستان میں گم تھا
جس کو ثابت سمجھ رہے تھے وہ برتن بھی پھوٹا نکلا

وسعت تو اُس نے ذہن کو دی آسمان بھر
تقدیر جان بوجھ کے لکھدی مکان بھر

چالاک دشمنوں کی طرح چھیڑ سرد جنگ
اُس کے خلاف تو بھی ہواؤں کے کان بھر

موقع شناس ہونا ، کوئی عیب ہے نہ جرم
موسم کو دیکھ! سوچ سمجھ کر اُڑان بھر

طوفاں میں ناؤ ڈال دی ہم نے یہ دیکھ کر
خیرات مل رہی تھی ہوا ، بادبان بھر

ہر لمحہ آزمائشیں ، ہر لمحہ امتحان
باقی کہاں رہا ہے ظفؔر امتحان بھر

یہ اہلِ شہر پہ سب سے بڑی قیامت ہے
انھیں خود اپنی زمیں کوچۂ ملامت ہے

جو بجھ گئے ہیں شمار اُن کا کیا کیا جائے
چراغ وہ ہے ہوا میں بھی جو سلامت ہے

کوئی کمی تو نہیں ہے سروں کی ، بستی میں
ہمارے نام ہی کیوں قرعۂ امامت ہے

قصور وار بتائیں کسے ، کسے مجرم؟
ہمیں تو اپنے ہی کردار سے ندامت ہے

★

دیواریں ہم خیال بنالو پڑوس کی
پھولوں کو تازہ کرتی ہے ہر بوند اوس کی

منزل کا ذکر چھوڑ یئے لالے سفر کے ہیں
ہمت نہیں کسی میں بھی دو چار کوس کی

بیٹھے گی آکے دھوپ کی چڑیا ذرا سی دیر
ہنگامہ پھر منڈیر پہ ہوگا ذرا سی دیر

اُس شاخ نے چکھا ہے مزا انتظار کا
بیٹھا تھا جس پہ کوئی پرندہ ذرا سی دیر

جو سہہ رہے ہیں اُن کا جگر ہے حقیقتاً!
دیکھا گیا نہ ہم سے تماشا ذرا سی دیر

ایماں سے، صبر و ضبط و قناعت سے ہوں تہی
بیٹھی تھی میرے پاس یہ دنیا ذرا سی دیر

وہ سایہ بن کے ساتھ رہا عمر بھر ظفرؔ
دیوار نے دیا تھا جو سایا ذرا سی دیر

پھول سے کیا اسمِ اعظم میرؔ جی نے کہدیا
اپنا سارا حسن اک اک پنکھڑی نے کہدیا

یوں ہی رکھّے رہ گئے لفظوں کے پیرائے تمام
اُس سے جو کہنا تھا آنکھوں کی نمی نے کہدیا

حاکمانِ آب لوٹے پھر دھواں چہرے لیئے
تشنگی بکتی نہیں! پھر تشنگی نے کہدیا

میں ابھی دہلیز پر ہی تھا کہ خوشیاں مل گئیں
حال سب موسم کا بچوں کی ہنسی نے کہدیا

بے نیازی صرف اپنے آپ میں ڈوبی رہی
مدح میں کیا کیا ہماری شاعری نے کہدیا

میرے سپنے اگر پاؤں چلنے لگیں
بستیوں کے مناظر بدلنے لگیں

شعلہ بننے کی فرصت ملے گر ہمیں
موم کے یہ بڑے بُت پگھلنے لگیں

قہقہہ مار کر زندگی ہنس پڑے
پی کے آنسو جو ہم تم سنبھلنے لگیں

اے ہواؤ! مرا حوصلہ دیکھنا
میرے بازو پہ جب پر نکلنے لگیں

☆

لہو دل کا ہمیشہ شیشۂ ساعت میں جھلکے گا
نیا موسم پرانی یاد کے زخموں سے مہکے گا

میں تجھ سے اور تیری دوستی سے خوب واقف ہوں
ہوا جب تک نہیں ہے ریت پر یہ نقش چمکے گا

شہادتوں سے یہ ہمت نہ مات کھائے گی
ہوا ! چراغ بجھا ! کب تلک بُجھائے گی

لہو میں خوب ڈبولے تو اپنی تلواریں
پھر اس کے بعد محبت ہی کام آئے گی

یہ میرے لفظ ہیں سچّائیوں کے انگارے
یہ لفظ، جھوٹی سماعت نہ جھیل پائے گی

خدا بچائے گا تجھ کو اگر بچانا ہے
یہ مت سمجھ کہ تجھے مصلحت بچائے گی

ابھی تو بوسنیا اور بھی جنم لیں گے
ابھی تو تیری ہوس اور گُل کھلائے گی

پہچان چاہیئے تو علامت تراشنا
سب سے الگ خیال کی صورت تراشنا

ہشیار باش ظلِ الٰہی کہ شہر میں
لوگوں کو آ گیا قد و قامت تراشنا

مشکل سے شہرِ سنگ میں انسان آئے ہیں
اب آپ دیوتاؤں کے بت مت تراشنا

تیشہ دیا ہے تم کو اسی اعتبار پر
تم کوہ کن ہو! درد کے پربت تراشنا

یہ کام کربلا سے گزرنے کا کام ہے
آساں نہیں ہے حرفِ قیادت تراشنا

ماؤں کو کھو رہا ہے یہ ننگا معاشرہ
اس کے لیئے بھی حرفِ ندامت تراشنا

ہنر مندی سے کیسے رائیگاں پیکر بناتا ہوں
میں آنسو رولتا ہوں ، درد کے گوہر بناتا ہوں

مری آوارہ فطرت کے سفر کو یہ زمیں کم ہے
میں بستی میں نہیں یارو! دلوں میں گھر بناتا ہوں

مسافر ہوں مگر احساسِ ناداری نہیں رکھتا
سرابوں کو سمندر ، دھوپ کو چادر بناتا ہوں

رفاقت بجلیوں کی خود مری خواہش نے طے کی ہے
عجب ہوں کیمیاگر دل کو خاکستر بناتا ہوں

حقیقت صرف خدوخال سے پہچانتے ہو تم
مگر وہ نقش جو باطن کے کاغذ پر بناتا ہوں

مرا فن آسماں جیسا بنادیتا ہے کاغذ کو
میں لفظوں کے پرندوں سے حسیں منظر بناتا ہوں

چھاؤں غم کی گھنی سی لگتی ہے
اب خوشی دھوپ کی سی لگتی ہے

میرا گھر بھی مرا نہیں، شاید
کچھ فضا اجنبی سی لگتی ہے

آئینہ ہے وہی جو پہلے تھا
ہم میں ہی کچھ کمی سی لگتی ہے

غم پہ ہنسنا بہادری ہے، مگر
یہ ادا شاعری سی لگتی ہے

تیز سانسوں کے رقص میں شب کو
خامشی جاگتی سی لگتی ہے

اداکاری تماشہ ہر جگہ ہے
زمانے کا تقاضا ہر جگہ ہے

بنا لیتا ہے شکلیں دوستوں سی
مرے دشمن کا چہرا ہر جگہ ہے

دکھوں سے کیا پناہیں ڈھونڈتے ہو
ان آسیبوں کا سایا ہر جگہ ہے

سبب زخموں کا اُس سے کون پوچھے
مسیحائی کا چرچا ہر جگہ ہے

میں اتنی نیکیاں لاؤں کہاں سے
مرے اللہ دریا ہر جگہ ہے

نہ یہ گلوں کی، نہ یہ عطردان کی خوشبو
ترا وجود تو ہے آسمان کی خوشبو

ہمارا دل تو تری یاد کا شوالہ ہے
رچی بسی ہے یہاں تیرے دھیان کی خوشبو

بدلتے رہتے ہیں پوشاک وقت کے موسم
کبھی اتیت میں تھی ورتمان کی خوشبو

ہر ایک موج سمندر کی سر اُٹھانے لگی
ہوا کو مل گئی پھر بادبان کی خوشبو

تمہارے قرب میں ہوش و حواس کیسے رہیں
سمیٹ رکھی ہے دونوں جہان کی خوشبو

چاروں جانب سے مصائب کی مہک آتی ہوئی
پھر وہی دیوارِ شب پر دھوپ مُرجھاتی ہوئی

تجھ کو بھی یارب بھلی لگتی تو ہوگی اِس طرح
خوبصورت پیکروں میں خاک اِتراتی ہوئی

شوخیاں کرتا ہوا آنکھوں سے پھولوں کا خیال
اور کانٹوں کی چبھن تلووں کو سہلاتی ہوئی

جس کو بھی چاہے جُھلس دیتی ہے بے جرم و سبب
آگ بستی میں ہوا کی شہ پہ لہراتی ہوئی

آب و گل ، جنگل پرندے آبسے احساس میں
شہر کی اکتاہٹوں سے فکر دیہاتی ہوئی

مزاجِ عصر کی پے چیدگی میں ڈھلتا ہوا
ہر ایک لفظ ملا ذائقے بدلتا ہوا

اُتر رہا ہے اندھیرا ہمارے سینے میں
یہاں سے لے گیا کوئی چراغ جلتا ہوا

کھنچی زبان کہیں، نُچ گئیں کہیں آنکھیں
ہر اعتبار اُسے زخم دے کے چلتا ہوا

مرے وجود کو بین السطور ہی رکھیے
مرا وجود بھی اک مسئلہ ہے جلتا ہوا

عجیب خوف سے دوچار کر رہا ہے مجھے
ہر ایک لمحہ مرے ہاتھ سے پھسلتا ہوا

مجھے فرشتوں سی بخشی نہ بے حسی تو نے
ترا کرم کہ دیا ایک دل مچلتا ہوا

یونہی سرِ راہ وہ چشمِ حیا چھو گئی
کتنے دنوں بعد پھر کوئی ہوا چھو گئی

برسوں برس کے حبیب مشرق و مغرب ہوئے
اُس کو غرور آگیا ، مجھ کو انا چھو گئی

آ کے گلی تک مری مجھ سے گریزاں ہوئی
صبحِ تمنا تجھے کس کی ادا چھو گئی

کل سے یہی آئینہ شہر کو ہوگا عزیز
دھو گئی بارش اگر ، دھوپ ذرا چھو گئی

گردِ سفر بن کے بھی کرتا رہوں گا سفر
خوب ہوا جو مجھے گردشِ پا چھو گئی

دیکھتے ہی دیکھتے خون میں ڈوبا اُفق
شام کے ساحل کو پھر موجِ بلا چھو گئی

یہ ہے خرابۂ دل ! کون ہے یہاں آباد؟
جواب ملتا ہے، "میں" میر خانماں آباد

ہم اُس گلی میں رہے ایک جان دو قالب
اور اب خبر بھی نہیں کون ہے کہاں آباد

وہ ایک پھول سا چہرہ جوابِ گلشن ہے
وہی کرے ہے دریچوں کے گلستاں آباد

فرار ہو نہیں سکتا اس ایک دشمن سے
یہی ضمیر تو ہے میرا ساتواں ہمزاد

کسی کو فکر نہیں اِس کو قتل کرنے کی
فساد پھرتا ہے ہم سب کے درمیاں آباد

گلی گلی یہاں ویرانیوں کا موسم ہے
بتا تو دیجے کہ ہیں کون سے مکاں آباد

اُٹھا تلوار لفظوں کی سپر سے کچھ نہیں ہوگا
کلامِ نرم و نازک سے ہنر سے کچھ نہیں ہوگا

مرے ہمراہ چلیے آپ سب بھی اپنے سر لے کر
یہ دشتِ کربلا ہے ایک سر سے کچھ نہیں ہوگا

جو گھر کو گھر بنانا ہے تو خوش رکھیے مکینوں کو
در و دیوار سے دیوار و در سے کچھ نہیں ہوگا

○

رہے خیال گریبانِ صبر چاک نہ ہو
جو بچ گیا ہے وہ جذبہ کہیں ہلاک نہ ہو

رہا جو آنکھ میں تجھ کو گہر بنادوں گا
زمیں پہ گر کے مرے اشک صرفِ خاک نہ ہو

جو سارے رشتوں کے پُل، باندھ، توڑ کر رکھ دے
مخالفت ہو مگر اتنی شرمناک نہ ہو

دست و بازو کا ترے جوہر کھلا
آج دل کا زخم آنکھوں پر کھلا

لگ رہا ہے، چشم بینا ہوگئی
جس طرف منظر نہ تھا منظر کھلا

مجھ اکیلے کے لیئے اتنے محاذ
سورماؤں کے دلوں کا ڈر کھلا

کیا ہمارا شہر مقتل ہوگیا
زخم کی صورت کھلا جو در کھلا

پیشۂ غم ہے یہی غارت گری
آپ نے چھوڑا ہی کیوں تھا گھر کھلا

خوشبوؤں کے تیر زخمی کرگئے
موسمِ احساس اب ہم پر کھلا

ہمارا درد تمہاری زبان پر آیا
خوشا نصیب کہ دریا ڈھلان پر آیا

خوشامدوں نے دیا اُس کو نام تمغے کا
جو داغ ظلِ الٰہی کی شان پر آیا

کیا خطاب، سُنیں تالیاں، گئے صاحب
عذاب سارا غریبوں کی جان پر آیا

☆

وہ آنسوؤں کا حسیں کاروبار کرتا ہے
تمام رات ستارے شکار کرتا ہے

پکارتی ہے زمیں، رحمتوں کے بادل آ
سلگتا عہد ترا انتظار کرتا ہے

کوئی اشارہ نہیں کرتا قاتلوں کی طرف
جسے بھی دیکھو سروں کا شمار کرتا ہے

ہمارا درد ہمارا ہے ، دردِ میرؔ نہیں
کہ ہم بھی صاحبِ املاک ہیں فقیر نہیں

تمہارا جھوٹ بڑے شوق سے سُنا سب نے
کسی کے پاس بھی کیا شہر میں ضمیر نہیں

یہ وقت بانجھ سا لگتا ہے چاہتوں کے بغیر
کسی زباں پہ یہاں نغمۂ کبیرؔ نہیں

☆

سب کو ملتی ہے کہاں راہ گزر شام کے بعد
خوش نصیبوں کو بُلا لیتا ہے گھر شام کے بعد

اِس اندھیرے میں کوئی گھات لگائے ہوگا
بیٹھ جاتا ہے ہر اک دل میں یہ ڈر شام کے بعد

خود کو تنہائی سے بہلانے کے عادی ہو جاؤ
سب سے روٹھے ہو تو جاؤ گے کدھر شام کے بعد

بگولوں میں رقصاں ہوا خوب ہے
یہ صحرا کا منظر بھی کیا خوب ہے

ندی ، نالے ، کہسار ، پگڈنڈیاں
یہاں گھومنے کا مزا خوب ہے

یہاں بے تکلف ہیں موسم سبھی
ہمارے گھروں کی فضا خوب ہے

جہاں بلڈنگیں ہیں ، وہیں جھگیاں
تضادات کا سلسلہ خوب ہے

تمہیں چاہیے زر بھی ، ایمان بھی
غریبو! تمہاری ادا خوب ہے

یہاں لوگ باون گزے ہیں بہت
یہ بھوپال نگری جگہ خوب ہے

پکاتا ہے ازموں کی کھچڑی ظفرؔ
یہ اُردو کا شاعر بھی کیا خوب ہے